حَياةُ فاطِمَة

إسْراء رمضان

FATIMAH'S LIFE

MODERN STANDARD ARABIC READER — BOOK 18
BY ISRAA RAMADAN

lingualism

ISBN: 978-1-949650-76-1

Written by Israa Ramadan

Edited by Ahmed Younis and Matthew Aldrich

Arabic translation* by Ahmed Younis

Cover art by Duc-Minh Vu

Audio by Israa Ramadan

** from the original Levantine Arabic to Modern Standard Arabic*

website: www.lingualism.com

email: contact@lingualism.com

INTRODUCTION

The **Modern Standard Arabic Readers** series aims to provide learners with much-needed exposure to authentic language. The books in the series are at a similar level (B1-B2) and can be read in any order. The stories are a fun and flexible tool for building vocabulary, improving language skills, and developing overall fluency.

The main text is presented on even-numbered pages with tashkeel (diacritics) to aid in reading, while parallel English translations on odd-numbered pages are there to help you better understand new words and idioms. A second version of the text is given at the back of the book, without the distraction of tashkeel and translations, for those who are up to the challenge.

New to this edition: the English translations have been revised for improved clarity and accuracy. Each story now also includes **20 comprehension questions** with example answers to help reinforce your understanding of the text. A **sequencing exercise** is provided as well, where you'll put ten key events from the story back in their correct order. These additions make the book even more useful for self-study, classroom use, or group discussions.

Visit www.lingualism.com/audio, to stream or download the free accompanying audio.

This book is also available in Levantine Arabic at www.lingualism.com/lar.

حَياةُ فاطِمَةَ

هَلْ مِنَ المُمْكِنِ أَنْ يُوافِقَ والِدي عَلى سَفَري وَإِكْمالِ دِراسَتي في الخارِجِ؟ المِنْحَةُ الدِّراسِيَّةُ جَيِّدَةٌ جِدًّا وَفيها العَديدُ مِنَ المَزايا. سَأُخْبِرُهُ، مِنْ غَيْرِ المَعْقولِ أَنْ يَرْفُضَ لِأَنَّها فُرْصَةٌ لا تَأْتي لِأَيِّ أَحَدٍ.

ذَهَبَتْ فاطِمَةُ إِلى والِدِها لِأَخْذِ رَأْيِهِ في المِنْحَةِ، وَهِيَ تَتَحَدَّثُ مَعَ نَفْسِها بِهَذا الشَّكْلِ.

فاطِمَةُ سَميرٍ مُهَنْدِسَةُ حاسوبٍ تَبْلُغُ مِنَ العُمْرِ 24 عامًا، وَهِيَ ناجِحَةٌ جِدًّا في عَمَلِها. وَلَكِنَّ الفُرَصَ المُتاحَةَ في بَلَدِها لا تَتَناسَبُ مَعَ طُموحاتِها. هِيَ لَيْسَتْ مُتَزَوِّجَةً وَلَمْ يَسْبِقْ لَها أَنْ كانَتْ في عَلاقَةٍ. أُمُّها مَيْتَةٌ، وَلَدَيْها أَخَوانِ تَوْأَمٌ صِغارٌ. تُوُفِّيَتْ والِدَتُها أَثْناءَ وِلادَتِها إِيّاهُما، وَهِيَ الَّتي ساعَدَتْ والِدَها في تَرْبِيَتِهِما.

"أَبي! لَقَدْ تَلَقَّيْتُ قَبولًا بِمِنْحَةٍ دِراسِيَّةٍ جَيِّدَةٍ جِدًّا في الخارِجِ، يَعْني أَنَّني سَأُكْمِلُ دِراسَتي في واحِدَةٍ مِنْ أَفْضَلِ الجامِعاتِ في الخارِجِ وَأَيْضًا..."

Is it possible that my father would agree to my traveling and completing my studies abroad? The scholarship is very good and comes with many benefits. I will tell him—it's unreasonable for him to refuse because this is an opportunity that doesn't come to just anyone.

Fatimah went to her father to ask for his opinion on the scholarship, thinking to herself in this way.

Fatimah Samir is a 24-year-old computer engineer, and she is very successful in her work. However, the opportunities available in her country do not match her ambitions. She is not married and has never been in a relationship. Her mother is deceased, and she has two younger twin brothers. Her mother passed away while giving birth to them, and Fatimah was the one who helped her father raise them.

"Dad! I have received an acceptance for a very good scholarship abroad, which means I will complete my studies at one of the best universities overseas, and also..."

وَهُنا كانَتِ الصَّدْمَةُ!

"كَفى كَفى! لا تُكْمِلي. نَحْنُ لا نَسْمَحُ لِلْفَتَياتِ بِالسَّفَرِ إِلى الخارِجِ بِمُفْرَدِهِنَّ. دَعيني أُكْمِلُ مُشاهَدَةَ المُسَلْسَلِ دونَ ضَجيجٍ! وَعَلى العُمومِ، ماذا سَيَقولُ عَنّا النّاسُ والعائِلَةُ؟"

"وَلَكِنْ لِماذا؟! ما هِيَ المُشْكِلَةُ في أَنْ أُسافِرَ لِإِكْمالِ دِراسَتي وَبِناءِ مُسْتَقْبَلي؟ كَما أَنَّني..."

"كَفى! أَخْبَرْتُكِ أَنَّني أُريدُ أَنْ أُكْمِلَ مُشاهَدَةَ المُسَلْسَلِ دونَ ضَجيجٍ."

رَدَّ والِدُ فاطِمَةَ عَلَيْها بِصَوْتٍ عالٍ وَأَنْهى الحِوارَ.

خَرَجَتْ فاطِمَةُ مِنَ الغُرْفَةِ وَهِيَ تَتَحَدَّثُ مَعَ نَفْسِها: "ماذا أَفْعَلُ يا اللّهُ؟ لا أَعْلَمُ ماذا أَفْعَلُ. لا يَنْبَغي أَنْ أَخْسَرَ فُرْصَةً يَتَمَنّاها أَيُّ أَحَدٍ كَهَذِهِ. هَلْ أَطْلُبُ مِنْ خالِيَ أَنْ يُقْنِعَ والِدي؟ لَكِنَّني ذَهَبْتُ إِلى خالي مُسْبَقًا وَقالَ لي: "والِدُكِ لا يَسْتَمِعُ إِلى أَيِّ شَخْصٍ إِلّا إِنْ كانَ مِنْ عائِلَتِهِ."

بَقِيَ يَوْمانِ فَقَطْ عَلى انْتِهاءِ قَبولِ المِنْحَةِ وَلَمْ تَرُدَّ عَلَيْهِمْ فاطِمَةُ. حاوَلَتِ التَّحَدُّثَ مَعَ والِدِها مَرَّةً أُخْرى،

AUDIO TRACK TIMESTAMP: [1:37]

And here came the shock!

"Enough, enough! Don't continue. We do not allow girls to travel abroad alone. Let me finish watching my series without any noise! And besides, what will people and the family say about us?"

"But why?! What is the problem with me traveling to complete my studies and build my future? Also, I..."

"Enough! I told you I want to finish watching my series without any noise."

Fatimah's father responded to her in a loud voice and ended the conversation.

Fatimah left the room, talking to herself: "What do I do, O God? I don't know what to do. I shouldn't lose an opportunity that anyone would wish for. Should I ask my uncle to convince my father? But I already went to my uncle before, and he told me: 'Your father does not listen to anyone unless they are from his own family.'"

Only two days remained before the scholarship acceptance deadline, and Fatimah had not responded. She tried speaking with

لَرُبَّما يَقْتَنِعُ، لَكِنْ لِلْأَسَفِ، حَصَلَتْ عَلى نَفْسِ الرَّدِّ: "لا نَسْمَحُ لِلْفَتَياتِ بِالسَّفَرِ إلى الخارِجِ بِمُفْرَدِهِنَّ، وَماذا سَيَقولُ النّاسُ عَنّا." وَبِهَذا، خَسِرَتْ فاطِمَةُ فُرْصَةً عَظيمَةً كانَ مِنَ المُمْكِنِ أَنْ تُغَيِّرَ الكَثيرَ في مَسارِ حَياتِها. وَهَذِهِ أَوَّلُ خَسارَةٍ لَها في حَياتِها وَهِيَ في الرّابِعَةِ والعِشْرينَ مِنْ عُمُرِها.

❖ ❖ ❖

لَكِنَّ فاطِمَةَ قَرَّرَتْ أَلّا تَسْتَسْلِمَ أَبَدًا وَحاوَلَتْ تَطْويرَ نَفْسِها لِتُحَقِّقَ طُموحاتِها وَأَحْلامِها، فَبَدَأَتْ في التَّقَدُّمِ لِوَظائِفَ بِالخارِجِ أَيْضًا، وَسَأَلَتْ صَديقاتِها المُقيماتِ بِالخارِجِ إِنْ كُنَّ يَعْرِفْنَ أَيَّ شَرِكَةٍ تُريدُ تَوْظيفَ مُهَنْدِسينَ، وَبِالفِعْلِ، وَجَدَتْ لَها إِحْدى صَديقاتِها في الكُوَيْتِ فُرْصَةً تُناسِبُها وَتُناسِبُ شَهاداتِها وَخِبْراتِها، فَهَلْ سَتَنْجَحُ هَذِهِ المَرَّةَ؟

"مَرْحَبًا سَناءُ! كَيْفَ حالُكِ؟"

"أَهْلًا فاطِمَةُ، الحَمْدُ لِلّهِ أَنا بِخَيْرٍ، كَيْفَ حالُكِ؟"

"أَنا بِخَيْرٍ أَيْضًا، وَسَعيدَةٌ جِدًّا. هُناكَ عَرْضُ عَمَلٍ جَيِّدٌ جِدًّا، لَكِنْ هُناكَ مُشْكِلَةٌ!"

"مُبارَكٌ! عَظيمٌ! وَلَكِنْ ما هِيَ المُشْكِلَةُ؟"

her father again, hoping he might change his mind, but unfortunately, she received the same response: "We do not allow girls to travel abroad alone, and what will people say about us?" With that, Fatimah lost a great opportunity that could have significantly changed the course of her life. This was her first loss in life at the age of twenty-four.

❖   ❖   ❖

But Fatimah decided never to give up. She tried to develop herself to achieve her ambitions and dreams, so she began applying for jobs abroad as well. She asked her friends who lived overseas if they knew of any companies looking to hire engineers. Indeed, one of her friends in Kuwait found an opportunity that suited her qualifications and experience. Would she succeed this time?

"Hello, Sanaa! How are you?"

"Hello, Fatimah. Thank God, I'm doing well. How are you?"

"I'm good too, and very happy. There's a great job offer, but there's a problem!"

"Congratulations! That's great! But what's the problem?"

"الوَظيفَةُ في شَرِكَةٍ خَليجيَّةٍ بِالخارِجِ تَعْمَلُ في مَجالِ تِكْنولوجْيا المَعْلوماتِ، وَصَديقَتي تَعْمَلُ هُناكَ. أَرْسَلْتُ لَهُمْ سيرَتي الذّاتِيَّةَ، فَطَلَبوا إِجْراءَ مُقابَلَةٍ مَعي، وَأُجْرِيَتِ المُقابَلَةُ عَبْرَ الإِنْتَرْنِتِّ، وَلا أَعْرِفُ ما إِذا كانَ عَلَيَّ أَنْ أَفْرَحَ أَوْ أَحْزَنَ. لَقَدْ قَبِلوني لِلْوَظيفَةِ، لَكِنّي لا أَعْرِفُ كَيْفَ أُخْبِرُ والِدي. أَتَذْكُرينَ قَبْلَ بِضْعِ سَنواتٍ عِنْدَما كُنْتُ أَرْغَبُ في السَّفَرِ لِلْحُصولِ عَلى مِنْحَةٍ دِراسِيَّةٍ وَلَمْ يوافِقْ والِدي؟ الآنَ لا أَعْرِفُ ماذا أَقولُ لَهُ!"

"ما الَّذي تَتَحَدَّثينَ عَنْهُ؟ والِدُكِ لَمْ يُوافِقْ عَلى مِنْحَةٍ دِراسِيَّةٍ كانَتْ سَتَسْتَمِرُّ لِمُدَّةِ سَنَةٍ، وَأَنْتِ الآنَ تَقولينَ أَنَّها وَظيفَةٌ، يَعْني أَنَّها في الغالِبِ سَتَسْتَمِرُّ لِسَنَواتٍ."

"أَعْلَمُ ذَلِكَ، وَلِهَذا السَّبَبِ لا أَعْرِفُ كَيْفَ أَخْبِرُهُ، وَلَكِنْ لا خِيارَ، يَجِبُ أَنْ أَخْبِرَهُ بِذَلِكَ الآنَ. لِأَنَّني يَجِبُ أَنْ أَرُدَّ خِلالَ ثَلاثَةِ أَيّامٍ."

"هَلْ مِنَ المُمْكِنِ أَلّا يُوافِقَ؟! لَكِنَّني حَقًّا أَوَدُّ هَذِهِ الفُرْصَةَ."

"حَسَنًا! حاوِلي مَعَ والِدِكِ مَرَّةً أُخْرى. قَدْ يُوافِقُ هَذِهِ المَرَّةَ."

[4:49]

"The job is at a Gulf-based company abroad that specializes in information technology. My friend works there. I sent them my resume, and they asked to conduct an interview with me. The interview was done online, and now I don't know whether to be happy or sad. They accepted me for the job, but I don't know how to tell my father. Do you remember a few years ago when I wanted to travel to get a scholarship, and my father refused? Now, I don't know what to say to him!"

"What are you talking about? Your father didn't agree to a scholarship that would have lasted just one year, and now you're telling me it's a job, which most likely will last for years."

"I know that, and that's why I don't know how to tell him. But I have no choice—I have to tell him now because I need to respond within three days."

"Is it possible that he won't agree?! But I really want this opportunity."

"Alright! Try again with your father. He might agree this time."

أَنْهَتْ فَاطِمَةُ المُكَالَمَةَ مَعَ صَدِيقَةِ طُفُولَتِها سَناءِ، الَّتِي تَعْرِفُ كُلَّ شَيْءٍ عَنْ حَياتِها وَكَيْفَ وَقَفَ والِدُها وَبَقِيَّةُ أَفْرادِ الأُسْرَةِ فِي طَرِيقِ طُمُوحاتِها وَأَحْلامِها. ذَهَبَتْ لِلتَّحَدُّثِ مَعَ والِدِها حَوْلَ الأَمْرِ وَهِيَ خائِفَةٌ. أَخَذَتْ فَاطِمَةُ نَفَسًا عَمِيقًا قَبْلَ أَنْ تَدْخُلَ لِتَتَحَدَّثَ مَعَ والِدِها، لَكِنْ فِي النِّهايَةِ، كانَ عَلَيْها أَنْ تَدْخُلَ وَتَتَكَلَّمَ.

❖ ❖ ❖

"أَبْ...أَبِي!"

"نَعَمْ؟ ماذا هُنالِكَ؟"

"أُرِيدُ أَنْ أُخْبِرَكَ بِشَيْءٍ مُهِمٍّ."

"حَسَنًا، تَحَدَّثِي، لِنَسْمَعَ."

"أَنْتَ تَعْرِفُ كُلَّ شَيْءٍ عَنِ العَمَلِ فِي غَزَّةَ وَالرَّواتِبِ. دائِمًا ما يَبْذُلُ الشَّخْصُ قُصارَى جُهْدِهِ وَلَكِنْ يَتَقاضَى أَجْرًا قَلِيلًا."

"حَسَنًا..."

"وَجَدْتُ عَمَلًا فِي شَرِكَةٍ أَفْضَلَ وَبِراتِبٍ أَفْضَلَ."

"حَسَنًا، هَذا جَيِّدٌ. فَلْتَذْهَبِي إِلَيْها!"

[6:25]

Fatimah ended the call with her childhood friend Sanaa, who knew everything about her life and how her father and the rest of the family had stood in the way of her ambitions and dreams. She went to talk to her father about the matter, feeling afraid. Fatimah took a deep breath before entering to speak with her father, but in the end, she had to go in and talk.

❖   ❖   ❖

"D...Dad!"

"Yes? What is it?"

"I want to tell you something important."

"Alright, speak. Let's hear it."

"You know everything about work in Gaza and the salaries. A person always puts in their utmost effort but receives very little pay."

"Alright..."

"I found a job in a better company with a better salary."

"Okay, that's good. Then go to it!"

"الأَمْرُ أَنَّ..."

"ما خَطْبُكِ؟! ما بِكِ؟!"

"الشَّرِكَةُ لَيْسَتْ هُنا. إِنَّها في الخارِجِ، في دَوْلَةِ الكُوَيْتِ!"

"الكُوَيْتُ! إِنَّها دَوْلَةٌ جَيِّدَةٌ، وَرَواتِبُهُمْ جَيِّدَةٌ، لَكِنْ دَعيني أُفَكِّرُ في الأَمْرِ وَسَنَرى ما سَيَحْدُثُ."

"هَلْ أُخْبِرُهُمْ أَنَّني مُوافِقَةٌ وَأَنَّني قَبِلْتُ الوَظيفَةَ!"

"لا...لا...اِنْتَظِري حَتّى أُفَكِّرَ وَأَرى."

"وَلَكِنْ لَدَيَّ ثَلاثَةُ أَيّامٍ فَقَطْ."

"سَنَتَحَدَّثُ غَدًا. أَنا في عَجَلَةٍ مِنْ أَمْري الآنَ، أُريدُ أَنْ أَخْرُجَ."

خَلَدَتْ فاطِمَةُ إِلى فِراشِها في تِلْكَ اللَّيْلَةِ وَهِيَ تَدْعي أَنْ يوافِقَ والِدُها غَدًا عَلى سَفَرِها؛ لِأَنَّ العَمَلَ في شَرِكَةٍ خَليجيَّةٍ هُوَ بِمَثابَةِ حُلْمٍ لِكَثيرٍ مِنَ المُهَنْدِسينَ.

"أَبي! لَقَدْ أَخْبَرْتَني أَنَّكَ سَتَرُدُّ عَلَيَّ اليَوْمَ."

"أَجَلْ! حَسَنًا! حَسَنًا!"

"ماذا تَقْصِدُ بِقَوْلِكَ حَسَنًا؟ ! هَلْ أُخْبِرُهُمْ بِمُوافَقَتي؟!"

"It's... It's..."

[7:37]

"What's wrong? What is it?"

"The company isn't here. It's abroad, in the State of Kuwait!"

"Kuwait! It's a good country, and their salaries are good, but let me think about it, and we'll see what happens."

"Should I tell them that I agree and that I've accepted the job?"

"No... no... wait until I think and decide."

"But I only have three days."

"We'll talk tomorrow. I'm in a hurry right now, I need to go out."

That night, Fatimah went to bed praying that her father would agree to her traveling the next day because working for a Gulf company was a dream for many engineers.

"Dad! You told me you'd give me an answer today."

"Yes! Okay! Okay!"

"What do you mean by 'okay'?! Should I tell them I accept?"

"لا...لا...السَّفَرُ مَمْنوعٌ، اِنْسي الأَمْرَ."

"لا! كَيْفَ؟! لِماذا؟! ماذا حَدَثَ؟!"

"السَّفَرُ لِلْفَتاةِ لِوَحْدِها لَيْسَ مُناسِبًا، وَلا أُريدُ أَنْ أَسْمَعَ ثَرْثَرَةً مِنْ هُنا وَهُناكَ."

"وَلَكِنْ..."

"لا. هَذا كُلُّ شَيْءٍ. أَنْهي المَوْضوعَ."

"لَكِنَّني لَسْتُ فَتاةً صَغيرَةً. عُمْري الآنَ 27 عامًا، وَعَمَلي هُنا لَيْسَ جَيِّدًا. لِماذا لا أُجَرِّبُ شَيْئًا جَديدًا؟!"

"قُلْتُ لَكِ لا، لِذا تَوَقَّفي وَلا تَتَحَدَّثي عَنْ هَذا الأَمْرِ مَرَّةً أُخْرى."

وَبِهَذا تَكونُ فاطِمَةُ قَدْ خَسِرَتْ -لِلْمَرَّةِ الثّانِيَةِ- فُرْصَةً لِتَطْويرِ نَفْسِها وَتَحْقيقِ طُموحاتِها وَأَحْلامِها فَقَطْ بِسَبَبِ ما سَيَقولُهُ النّاسُ وَالعائِلَةُ.

❖ ❖ ❖

"ماذا؟ كَيْفَ ذَلِكَ؟! هَلْ تَوَقَّفَتْ حَياتي هُنا؟! لَكِنْ لِماذا؟! ماذا فَعَلْتُ؟!"

[8:55]

"No... no... traveling is forbidden. Forget about it."

"No! How?! Why?! What happened?!"

"A girl traveling alone is not appropriate, and I don't want to hear gossip from here and there."

"But..."

"No. That's it. End of discussion."

"But I'm not a little girl. I'm 27 years old now, and my job here isn't good. Why can't I try something new?!"

"I told you no, so stop and don't talk about this matter again."

And with that, Fatimah lost—for the second time—a chance to develop herself and achieve her ambitions and dreams, simply because of what people and family would say.

❖   ❖   ❖

"What? How is this possible?! Has my life come to a standstill here?! But why?! What did I do?!"

خَرَجَتْ فاطِمَةُ مِنْ مَنْزِلِها، مُتَوَجِّهَةً إِلى مَنْزِلِ صَديقَتِها سَناءِ، تُفَكِّرُ فَقَطْ في الفَشَلِ الَّذي يُحيطُ حَياتَها كُلَّها. تَبْلُغُ مِنَ العُمْرِ 30 عامًا الآنَ، بِلا زَواجٍ وَلا أَطْفالٍ وَلا اسْتِقْرارٍ. حَتّى وَظيفَتُها لَيْسَتْ مُسْتَقِرَّةً، وَتَتَنَقَّلُ ما بَيْنَ شَرِكَةٍ وَأُخْرى دونَ أَيِّ تَقَدُّمٍ في مَسارِها المِهَنِيِّ.

"مَرْحَبًا سَناءُ!"

"مَرْحَبًا فاطِمَةُ! ماذا بِكِ؟ أَشْعُرُ أَنَّكِ لَسْتِ سَعيدَةً!"

"لا، أَنا بِخَيْرٍ، لَكِنْ كَما تَعْلَمينَ، الحَياةُ في حالَةٍ يُرْثى لَها وَلا يوجَدُ حَلٌّ."

"لِماذا؟ هَلْ حَدَثَ لَكِ شَيْءٌ جَديدٌ؟"

"لا، أَقْصِدُ نَعَمْ، لا، لا، لا...لا أَعْرِفُ، أَنا لا أَعْرِفُ!"

"حَسَنًا! هَلْ فَعَلَ والِدُكِ أَوْ عائِلَتُكِ شَيْئًا جَديدًا؟!"

"المُشْكِلَةُ أَنَّهُمْ يَفْعَلونَ ذَلِكَ دونَ إِخْباري، وَكَما تَعْلَمينَ، أُحاوِلُ أَنْ أَعْرِفَ، لَكِنَّني لا أَعْرِفُ!"

"حَسَنًا...لا عَلَيْكِ. كُلُّ شَيْءٍ سَيُحَلُّ لاحِقًا."

"لا أَعْتَقِدُ ذَلِكَ!"

[10:10]

Fatimah left her house, heading to her friend Sanaa's home, thinking only about the failure that surrounded her entire life. She was now 30 years old, with no marriage, no children, and no stability. Even her job was unstable, moving from one company to another without any real progress in her career.

"Hello, Sanaa!"

"Hello, Fatimah! What's wrong? I feel like you're not happy!"

"No, I'm fine, but as you know, life is in a miserable state, and there's no solution."

"Why? Did something new happen to you?"

"No, I mean... yes, no, no, no... I don't know, I just don't know!"

"Okay! Did your father or your family do something new?"

"The problem is that they do things without telling me, and as you know, I try to understand, but I don't know!"

"Okay... don't worry. Everything will be solved later."

"I don't think so!"

غادَرَتْ فاطِمَةُ مَنْزِلَ سَناءٍ وَعادَتْ إلى مَنْزِلِها، وَعِنْدَما دَخَلَتِ المَنْزِلَ رَأَتْ والِدَها جالِسًا مَعَ عَمِّها وَأَبْناءِ عَمِّها في الفِناءِ.

"بِالتَّأْكيدِ أَنَّهُمْ يُخَطِّطونَ لِكارِثَةٍ. يَعْتَقِدونَ أَنَّهُمْ يَسْتَطيعونَ التَّحَكُّمَ في حَياتي كَما يَحْلو لَهُمْ."

صَعَدَتْ فاطِمَةُ دَرَجَ المَنْزِلِ وَهِيَ تُفَكِّرُ فيهِمْ، ثُمَّ بَدَّلَتْ مَلابِسَها وَنامَتْ.

❖ ❖ ❖

"فاطِمَةُ! فاطِمَةُ!"

ماذا هُنالِكَ؟! هَذا صَوْتُ والِدي يُناديني!

"نَعَمْ؟ ماذا هُنالِكَ؟!"

"تَعالَيْ إلى غُرْفَةِ المَعيشَةِ. أُريدُ التَّحَدُّثَ مَعَكِ في أَمْرٍ."

"ها قَدْ أَتَيْتُ. ما الأَمْرُ؟"

"اِسْمَعي! أَصْبَحْتِ تَبْلُغينَ مِنَ العُمُرِ 30 عامًا وَلَمْ تَتَزَوَّجي بَعْدُ. وَكَما تَعْلَمينَ، عِنْدَما تَكْبُرُ الفَتاةُ تَقِلُّ فُرَصُها، وَقَدْ يَنْتَهي بِها الأَمْرُ إلى أَنْ تُصْبِحَ عانِسًا!"

[11:35]

Fatimah left Sanaa's house and returned home. When she entered, she saw her father sitting with her uncle and her cousins in the yard.

"They're definitely planning a disaster. They think they can control my life however they please."

Fatimah climbed the stairs of the house, thinking about them, then changed her clothes and went to sleep.

❖   ❖   ❖

"Fatimah! Fatimah!"

What is it?! That's my father's voice calling me!

"Yes? What is it?"

"Come to the living room. I want to talk to you about something."

"Here I am. What's the matter?"

"Listen! You've reached the age of 30 and you're still not married. As you know, as a woman gets older, her chances decrease, and she may end up becoming a spinster!"

"كُلُّ شَيْءٍ مُقَدَّرٌ كَما كَتَبَهُ اللَّهُ!"

"لا، لا... يوجَدُ عَريسٌ جَيِّدٌ جِدًّا وَمُناسِبٌ لَنا وَلِلْعائِلَةِ، سَأَلْتُ عَنْهُ، قالوا إِنَّهُ جَيِّدٌ."

ماذا؟! مَرَّةً أُخْرى تَقولُ لي "قالوا إِنَّهُ جَيِّدٌ؟" مِنَ الَّذي قالَ؟ وَمَنْ هُمْ لِيُقَرِّروا بِالنِّيابَةِ عَنّي مَنْ هُوَ جَيِّدٌ وَمَنْ لا؟ عِنْدَما أَوَدُّ الزَّواجَ سَأَخْتارُهُ بِنَفْسي. لَسْتُ بِحاجَةٍ لِمُساعَدَتِكُمْ!

"اِخْرَسي! أَطْبِقي فَمَكِ! سَأُخْبِرُ النّاسَ أَنْ يَأْتوا غَدًا سَواءً وافَقْتِ أَمْ لا."

"وَقَدْ سَبَقَ أَنْ أَخْبَرْتُكَ أَنَّني أُريدُ السَّفَرَ لِإِكْمالِ دِراسَتي والعَمَلَ في وَظيفَةٍ جَيِّدَةٍ، لَكِنَّكَ لَمْ تُوافِقْ، وَقُلْتَ لي أَنَّ النّاسَ والعائِلَةَ سَيَتَكَلَّمونَ عَنّا بِالسّوءِ."

"هَذا قَرارِيَ النِّهائِيُّ. اِسْتَعِدّي غَدًا لِلِقاءِ النّاسِ."

"حَسَنًا، ما اسْمُهُ؟ ماذا يَعْمَلُ؟ أَيْنَ يَسْكُنُ؟"

"غَدًا عِنْدَما تَأْتي عائِلَتُهُ لِرُؤْيَتِكِ سَتَعْرِفينَ كُلَّ التَّفاصيلِ."

"حَسَنًا."

"هَذا يَكْفي، أَنا ذاهِبٌ لِلنَّوْمِ. وَغَدًا سَتَعْرِفينَ التَّفاصيلَ."

[12:51]

"Everything is predestined as God has written it!"

"No, no… There is a very good groom, suitable for us and for the family. I asked about him, and they said he's good."

What?! Again with "they said he's good"? Who said that? And who are they to decide on my behalf who is good and who isn't? When I want to get married, I will choose my own partner. I don't need your help!

"Shut up! Keep your mouth closed! I will tell them to come tomorrow whether you agree or not."

"I have already told you that I want to travel to complete my studies and work in a good job, but you didn't agree and said that people and the family would talk about us [negatively]."

"This is my final decision. Prepare yourself tomorrow to meet the guests."

"Okay, what is his name? What does he do? Where does he live?"

"Tomorrow, when his family comes to see you, you will know all the details."

"Alright."

"That's enough. I'm going to sleep. Tomorrow, you'll know the details."

لَمَحَتْ فاطِمَةُ والِدِها وَهِيَ خارِجَةٌ مِنْ غُرْفَةِ المَعيشَةِ. لَقَدْ رَأَتْ كَمْ كانَ حازِمًا وَعَنيفًا، أَكْثَرَ مِنْ كُلِّ مَرَّةٍ، وَهَذا جَعَلَها تَتَوَتَّرُ وَتَخافُ أَكْثَرَ، وَأَنَّ هَذِهِ المَرَّةَ الأَمْرُ يَخْتَلِفُ تمامًا.

❖ ❖ ❖

"مَرْحَبًا، سَناءُ؟"

"مَرْحَبًا، فاطِمَةُ؟ ماذا بِكِ؟ صَوْتُكِ وَكَأَنَّكِ تَبْكينَ!"

"نَعَمْ! أَحْضَروا لي عَريسًا."

"حَسَنًا! تَكَلَّمي بِبُطْءٍ حَتّى أَفْهَمَكِ. بِالطَّبْعِ أَنْتِ تَتَحَدَّثينَ عَنْ والِدِكِ وَأَبْناءِ عَمِّكِ!"

"بِالتَّأْكيدِ، هُمْ يَهْتَمّونَ بِمَصالِحِهِمْ، وَقالَ أَنَّهُ غَدًا سَيَسْمَحُ لَهُمْ بِالمَجيءِ لِرُؤْيَتي."

"حَسَنًا، هَلْ تَعْلَمينَ عَنْهُ شَيْئًا؟"

"لا، لا شَيْءَ، وَلَكِنْ بِما أَنَّهُمْ مُوافِقونَ عَلَيْهِ، فَمِنَ المُؤَكَّدِ أَنَّ لَهُمْ مَصْلَحَةٌ في ذَلِكَ."

"حَسَنًا، ماذا سَتَفْعَلينَ؟"

"لا أَدْري! قولي لي ماذا أَفْعَلُ؟! لَوْ كانَتْ أُمّي هُنا لَكانَتْ ساعَدَتْني. وَأَيْضًا إِخْوَتي صِغارٌ، لَيْسَ لَدَيَّ أَحَدٌ!"

[14:23]

Fatimah noticed her father as she was leaving the living room. She saw how firm and harsh he was, more than ever before, and this made her more anxious and afraid. This time, things were completely different.

❖   ❖   ❖

"Hello, Sanaa?"

"Hello, Fatimah? What's wrong? You sound like you're crying!"

"Yes! They brought me a groom."

"Okay! Speak slowly so I can understand you. Of course, you're talking about your father and your cousins!"

"Of course, they are only looking out for their own interests, and he said that tomorrow he will allow them to come and see me."

"Alright, do you know anything about him?"

"No, nothing. But since they approve of him, it's certain that they have some interest in this."

"Okay, what are you going to do?"

"I don't know! Tell me, what should I do?! If my mother were here, she would have helped me. And my brothers are still young—I have no one!"

"حَسَنًا، حاوِلي التَّحَدُّثَ مَعَ والِدِكِ مَرَّةً أُخْرى."

"تَحَدَّثْتُ، لَكِنَّكِ تَعْرِفينَ المُجْتَمَعَ الذُّكوريَّ، فَقَطْ هُمْ مَنْ يُقَرِّرونَ وَيَفْعَلونَ الأَشْياءَ، وَنَحْنُ فَقَطْ نَقولُ نَعَمْ."

"بِالطَّبْعِ لا، لا تَقولي نَعَمْ، لَكِنّي لا أَعْرِفُ كَيْفَ أُساعِدُكَ."

اِنْتَهَتِ المُكالَمَةُ بَيْنَ سَناءٍ وَفاطِمَةَ دونَ إيجادِ حَلٍّ. وَلَكِنْ مِنَ المُؤَكَّدِ أَنَّ فاطِمَةَ لَنْ تَلْتَزِمِ الصَّمْتَ لِأَنَّها تَعَرَّضَتْ لِمِثْلِ هَذا الأَمْرِ مَرّاتٍ عَديدَةٍ، وَلَكِنْ لَمْ يَسْبِقْ لَها أَنْ سَمَحَتْ لِلنّاسِ بِالحُضورِ إِلى المَنْزِلِ. لَكِنَّ هَذِهِ المَرَّةَ كانَتْ مُخْتَلِفَةً، وَقالَ والِدُها أَنَّهُ سَيَسْمَحُ لَهُمْ بِالحُضورِ غَدًا. هَذا يَعْني أَنَّ عَلَيْها أَنْ تَجِدَ حَلًّا بِسُرْعَةٍ، لَكِنَّها لِلْأَسَفِ لَمْ تَجِدْ.

❖ ❖ ❖

دُقَّ بابِ البَيْتِ. فَتَحَتْ فاطِمَةُ البابَ، وَكانَ عِنْدَ البابِ ثَلاثُ سَيِّداتٍ وَهُنَّ في الثَّلاثينِيّاتِ والأَرْبَعينِيّاتِ مِنَ العُمْرِ. بَدَوْا وَكَأَنَّهُمْ مِنَ الطَّبَقَةِ المُتَوَسِّطَةِ، أَيْ قَريبينَ مِنْ مُسْتَوى مَعيشَةِ فاطِمَةَ. رَحَّبَتْ بِهِمْ فاطِمَةُ وَأَدْخَلَتْهُمْ إِلى غُرْفَةِ الضُّيوفِ، لَكِنْ لِلْأَسَفِ زِيارَتُهُمْ لَمْ تَكُنْ طَويلَةً!

"كَيْفَ حالُكِ؟ اِسْمُكِ فاطِمَةُ؟"

[15:48]

"Alright, try talking to your father again."

"I did, but you know this patriarchal society—only they decide and act, and we just say yes."

"Of course not! Don't say yes! But I don't know how to help you."

The call between Sanaa and Fatimah ended without finding a solution. But it was certain that Fatimah would not remain silent because she had faced this situation many times before, yet she had never allowed people to come to the house. However, this time was different, and her father had said he would allow them to come tomorrow. This meant she had to find a solution quickly, but unfortunately, she hadn't found one.

❖   ❖   ❖

There was a knock on the door. Fatimah opened it and found three women in their thirties and forties standing outside. They appeared to be from the middle class, meaning their living conditions were similar to Fatimah's. She welcomed them and led them to the sitting room, but unfortunately, their visit was not long!

"How are you? Your name is Fatimah?"

“الحَمْدُ لِلهِ، نَعَمْ أَنا فاطِمَةُ.”

“اِسْمُكِ جَميلٌ يا فاطِمَةُ! أَيْنَ وَماذا تَعْمَلينَ؟”

“أَنا مُهَنْدِسَةُ حاسوبٍ أَعْمَلُ في شَرِكَةِ تي...”

“كَمْ تَتَقاضينَ راتِبًا؟”

“أَنا أَعْمَلُ في شَرِكَةِ “تيكْ سيرْفِسِزْ”، وَراتِبي أَمْرٌ شَخْصِيٌّ، لا أُخْبِرُ أَحَدًا بِذَلِكَ. اُعْذُروني، وَلَكِنْ ماذا يَعْمِلِ العَريسُ، وَكَمْ يَتَقاضى؟”

“أَنْتِ تَعْلَمينَ أَنَّ الوَضْعَ في غَزَّةَ صَعْبٌ، وَلَنْ يَكونَ هُناكَ فَرْقٌ بَيْنَكِ وَبَيْنَهُ عِنْدَما تَأْتونَ لِلْعَيْشِ مَعَنا.”

“مَعَنا” ماذا تَقْصِدينَ بِذَلِكَ؟!

“أَلَمْ يُخْبِرْكِ والِدُكِ؟! أَخي تَيْسيرٌ عاطِلٌ عَنِ العَمَلِ، فَكَيْفَ سَيَبْني بَيْتًا؟”

“حَسَنًا! هَلْ تَقْصِدونَ أَنْ تُخْبِروني أَنَّكُمْ أَتَيْتُمْ إِلَيَّ حَتّى أُنْفِقَ عَلى ابْنِكُمْ؟!”

“حَسَنًا! أَنْتِ أَيْضًا تَقَدَّمَتِ في العُمْرِ، وَلَوْ كانَ أَخي يَعْمَلُ، لَذَهَبَ لِفَتاةٍ أَصْغَرَ سِنًّا.”

[17:30]

"Praise be to God, yes, I'm Fatimah."

"Your name is beautiful, Fatimah! Where do you work, and what do you do?"

"I am a computer engineer working at Tech Servi—"

"How much is your salary?"

"I work at 'Tech Services,' and my salary is a personal matter—I don't share it with anyone. Excuse me, but what does the groom do, and how much does he earn?"

"You know the situation in Gaza is difficult, and there won't be any difference between you and him when you come to live with us."

"With you? What do you mean by that?!"

"Didn't your father tell you?! My brother Taysir is unemployed, so how is he supposed to build a house?"

"Okay! Are you telling me that you came here so that I would financially support your son?!"

"Well, you're also getting older, and if my brother had a job, he would have gone for a younger girl."

“ماذا، ماذا؟؟ لَمْ أَكُنْ أَرْغَبُ في هَذا الزَّواجِ مِنَ البِدايَةِ عَلى أَيِّ حالٍ، لَكِنَّ والِدي أَجْبَرَني أَنْ أَجْلِسَ مَعَكِ. أنا آسِفَةٌ! لا أَوَدُّ الزَّواجَ. اِبْحَثوا عَنْ خادِمَةٍ أُخْرى لِتَتَزَوَّجَ ابْنَكُمْ وَتُنْفِقَ عَلَيْهِ وَتَخْدِمَهُ وَتَخْدِمَكُمْ.”

غادَرَتْ فاطِمَةُ غُرْفَةَ الضُّيوفِ، تارِكَةً إِيّاهُمْ شاعِرينَ بِالدَّهْشَةِ وَالصَّدْمَةِ مِنْ رَدِّ فِعْلِها. يُفْتَرَضُ أَنْ يَكونَ عُمْرُها دافِعًا يَجْعَلُها تَقْبَلُ بِأَيِّ شَخْصٍ، حَتّى لَوْ كانَ سَيُشَكِّلُ عِبْئًا عَلَيْها.

❖ ❖ ❖

“لا تَقُلْ لي أَنَّ ظِلَّ الرَّجُلِ أَفْضَلُ مِنْ ظَلِّ الحائِطِ. الحائِطُ أَفْضَلُ بِالنِّسْبَةِ لي. عَلى الأَقَلِّ لَنْ يَكونَ جَشِعًا وَيَسْرِقَ مَجْهودي وَأَمْوالي.”

“كَيْفَ تَتَكَلَّمينَ مَعَ النّاسِ بِهَذا الشَّكْلِ؟!”

“قُلْتُ لَكَ مِنَ البِدايَةِ أَنَّني لا أُريدُ مُقابَلَتَهُمْ لَكِنَّكَ أَصْرَرْتَ وَقُلْتَ أَنَّهُ مُناسِبٌ، وَأَنَّ العائِلَةَ قالَتْ أَنَّهُ مُناسِبٌ. لا أَعْرِفُ ما المُناسِبُ فيه!”

[18:44]

"What? What?? I never wanted this marriage in the first place, but my father forced me to sit with you. I'm sorry! I don't want to get married. Go find another servant to marry your son, support him, serve him, and serve you all."

Fatimah left the sitting room, leaving them in shock and disbelief at her reaction. Her age was supposed to be a reason for her to accept any man, even if he would become a burden on her.

❖ ❖ ❖

"Don't tell me that 'the shadow of a man is better than the shadow of a wall.' The wall is better for me. At least it won't be greedy and steal my efforts and money."

"How can you talk to people like that?!"

"I told you from the beginning that I didn't want to meet them, but you insisted and said he was 'suitable' and that the family said he was 'suitable.' I don't see anything suitable about him!"

لَقَدْ تَحَدَّثْتُ مَعَهُمْ وَقالوا: "لا بَأْسَ، نَحْنُ نَتَفَهَّمُها وَسَنَنْسى ما حَدَثَ. غَدًا سَيَأْتونَ بِصُحْبَةِ ابْنِهِمِ العَريسِ تَيْسيرٍ."

"ماذا؟! كَيْفَ؟! لا أُريدُهُ لا هُوَ وَلا أَهْلُهُ."

"القَرارُ نِهائِيٌّ! اِسْتَعِدّي! جَهِّزي ما سَتَرْتَديهِ حَتّى تَبْدينَ جَميلَةً وَيَقْتَنِعَ الشّابُّ بِكِ؟"

"يا لِلْعَجَبِ! لا زِلْتُ بِحاجَةٍ إِلى إِقْناعِهِ! سَيَكونُ مِنَ الأَفْضَلِ لَوْ لَمْ يَقْتَنِعْ. اُنْظُرْ! أَنا لا أُريدُهُ، وَسَأَتَزَوَّجُ عِنْدَما يَأْتي الشَّخْصُ المُناسِبُ لي، وَلَيْسَ المُناسِبُ لَكُمْ."

غادَرَ والِدُ فاطِمَةَ المَنْزِلَ، وَظَلَّتْ فاطِمَةُ تَتَحَدَّثُ مَعَ نَفْسِها. "أُمّي، أَتَمَنّى لَوْ أَنَّكِ مَوْجودَةٌ، رَحِمَكِ اللّهُ، كانَ مِنَ المُمْكِنِ أَنْ تُساعِدينَني، وَأَخَوايَ ما زالا صَغيرَيْنِ. لا أَعْلَمُ ماذا أَفْعَلُ وَماذا سَيَحْدُثُ."

تَبَقّى ساعَةٌ واحِدَةٌ فَقَطْ لِيَأْتِيَ العَريسُ وَعائِلَتُهُ، وَما زالَتْ فاطِمَةُ لَمْ تَسْتَعِدْ. سَمِعَتْ جَرَسَ البابِ، فَتَحَتْهُ وَوَجَدَتْ صَديقَتَها سَناءُ.

"سَناءُ، ما الَّذي أَتى بِكِ؟"

[20:05]

"I spoke with them, and they said, 'No problem, we understand her, and we'll forget what happened. Tomorrow, they'll come back with their son, the groom, Taysir.'"

"What?! How?! I don't want him or his family."

"The decision is final! Get ready! Prepare what you will wear so you look beautiful, and the young man will be convinced by you."

"Unbelievable! I still need to convince him? It would be better if he wasn't convinced. Look! I don't want him, and I will marry when the right person comes for me, not the one who is right for you."

Fatimah's father left the house, and Fatimah remained talking to herself. "Mother, I wish you were here. May Allah have mercy on you. You could have helped me, and my two brothers are still young. I don't know what to do or what will happen."

There was only one hour left before the groom and his family arrived, and Fatimah still hadn't prepared herself. She heard the doorbell ring, opened it, and found her friend Sanaa.

"Sanaa, what brings you here?"

"لا أَعْرِفُ، لَكِنّي شَعَرْتُ أَنَّني يَجِبُ أَنْ أَكونَ مَعَكِ اليَوْمَ."

"أَنا حَقًّا بِحاجَةٍ إِلى شَخْصٍ مَعي، ماذا أَفْعَلُ؟! أَخْبِريني!"

"اِرْتَدي مَلابِسَكِ وَقابِليهِمْ وَلِتَرَيْ ما سَيَحْدُثُ. وَبَعْدَ مُغادَرَتِهِمْ، سَنُفَكِّرُ بِمَ سَنَفْعَلُ."

فَكَّرَتْ فاطِمَةُ فيما قالَتْهُ صَديقَتُها سَناءُ. قَرَّرَتْ أَنْ تَفْعَلَ ما قالَتْهُ لَها، فَاسْتَعَدَّتْ وارْتَدَتْ فُسْتانًا طَويلًا أَسْوَدَ اللَّوْنِ، وَبِالتَّأْكيدِ ارْتَدَتِ الحِجابَ، لِأَنَّهُ هَكَذا هَذِهِ هِيَ العاداتُ وَالتَّقاليدُ.

حانَ الوَقْتُ. دُقَّ جَرَسُ المَنْزِلِ. وَكانَ وَقْتَها والِدُ فاطِمَةَ جاهِزًا أَيْضًا. فَتَحَ البابَ وَأَدْخَلَهُمْ غُرْفَةَ الضُّيوفِ، وَفي هَذا الوَقْتِ كانَتْ سَناءُ تَنْظُرُ مِنْ خَلْفِ البابِ لِتَرى العَريسَ وَتُخْبِرَ فاطِمَةَ كَيْفَ شَكْلُهُ. وَلَكِنْ بِمُجَرَّدِ أَنْ رَأَتْهُ شَهَقَتْ وَلَمْ تَعْرِفْ ماذا تَقولُ لِفاطِمَةَ.

"سَناءُ! كَيْفَ الفُسْتانُ؟ هَلْ هُوَ جَيِّدٌ؟ ممم.. ما الأَمْرُ؟ تَبْدينَ مَصْدومَةً. هَلْ حَدَثَ شَيْءٌ؟"

"لا، لا، نَعَمْ... كَيْفَ لا، نَعَمْ، هُناكَ شَيْءٌ، وَشَيْءٌ كَبيرٌ، ماذا تَعْرِفينَ عَنِ العَريسِ؟"

[21:42]

"I don't know, but I felt like I needed to be with you today."

"I really need someone with me. What should I do?! Tell me!"

"Dress up, meet them, and see what happens. After they leave, we'll think about what to do."

Fatimah thought about what her friend Sanaa had said. She decided to do as she suggested, so she got ready and put on a long black dress. And, of course, she wore the hijab, because that was the custom and tradition.

The time had come. The doorbell rang. Fatimah's father was ready as well. He opened the door and led them to the sitting room. Meanwhile, Sanaa was peeking from behind the door to see the groom and tell Fatimah what he looked like. But as soon as she saw him, she gasped and didn't know what to say to Fatimah.

"Sanaa! How's the dress? Is it good? Umm... What's the matter? You look shocked. Did something happen?"

"No, no... Yes... How can it be no? Yes, there is something, and it's something big. What do you know about the groom?"

"أنا؟ أنا فَقَطْ أَعْرِفُ أَنَّهُ عاطِلٌ عَنِ العَمَلِ، وَاسْمُهُ تَيْسيرٌ وَ..."

"هَلْ تَعْرِفينَ كَمْ عُمْرُهُ؟ أَوْ ماذا دَرَسَ؟ كَيْفَ شَكْلُهُ؟ والِدُكِ لَمْ يَقُلْ لَكِ أَيَّ شَيْءٍ؟"

"لا، لَمْ يَقُلْ شَيْئًا! هَلْ عَلِمْتِ شَيْئًا؟"

"ممْ...لا أَعْرِفُ ماذا أَقولُ لَكِ."

"ماذا هُنالِكَ؟ قولي لي!"

"العَريسُ لَيْسَ صَغيرًا في السِّنِّ. يَبْدو كَبيرًا."

"كَمْ عُمْرُهُ؟"

"ممْ...لا يَقِلُّ عَنْ...ممْ..."

"قولي لي كَمْ؟"

"بِصَراحَةٍ، لا يَقِلُّ عُمْرُهُ عَنْ سِتّينَ سَنَةٍ..."

"ما الَّذي تَقولينَهُ؟!"

"هَذا ما رَأَيْتُهُ. وَأَيْضًا..."

[23:22]

"Me? I only know that he's unemployed and that his name is Taysir and..."

"Do you know how old he is? Or what he studied? What he looks like? Your father didn't tell you anything?"

"No, he didn't say anything! Did you find out something?"

"Umm... I don't know what to tell you."

"What is it? Tell me!"

"The groom is not young. He looks old."

"How old is he?"

"Umm... Not less than... Umm..."

"Tell me, how old?"

"Honestly, he's no less than sixty years old..."

"What are you saying?!"

"That's what I saw. And also..."

"لا تُكمِلي، لَنْ أَلْتَقِيَ بِهِمْ، سَأُغَيِّرُ الفُسْتانَ وَأَلْبَسُ مَلابِسَ أُخْرى بِسُرْعَةٍ، وَأُريدُ أَنْ أَخْرُجَ مِنْ مَنْزِلي وَأَذْهَبَ مَعَكِ إِلى مَنْزِلِكِ."

غَيَّرَتْ فاطِمَةُ فُسْتانَها بِسُرْعَةٍ وَغادَرَتِ المَنْزِلَ مَعَ صَديقَتِها سَناءُ.

"فاطِمَةُ! فاطِمَةُ! أَيْنَ أَنْتِ؟"

سَأَلَ والِدُ فاطِمَةَ أَخَوَيْها الصَّغيرَيْنِ عَنْ فاطِمَةَ، فَأَخْبَراهُ أَنَّها خَرَجَتْ مَعَ سَناءَ، وَبِهَذا غَضِبَ والِدُ فاطِمَةَ. كانَ في حَيْرَةٍ مِنْ أَمْرِهِ. كَيْفَ سَيُخْبِرُ الضُّيوفَ بِأَنَّ ابْنَتَهُ قَدْ هَرَبَتْ وَأَنَّها لَيْسَتْ في المَنْزِلِ، وَماذا سَيَقولُ لِلْعائِلَةِ، وَكَيْفَ سَيَنْظُرُ في وُجوهِهِمْ. غادَرَ العَريسُ وَعائِلَتُهُ دونَ رُؤْيَةِ فاطِمَةَ.

❖ ❖ ❖

"مَرْحَبًا سَناءُ!"

"نَعَمْ، مَرْحَبًا عَمي كَيْفَ حالُكَ؟"

"أَنا بِخَيْرٍ..فاطِمَةُ عِنْدَكِ؟"

"ممْ...نَعَمْ، هِيَ عِنْدي وَ..."

[24:17]

"Don't continue. I won't meet them. I'll change my dress quickly, put on something else, and I want to leave my house and go with you to your place."

Fatimah quickly changed her dress and left the house with her friend Sanaa.

"Fatimah! Fatimah! Where are you?"

Fatimah's father asked her two younger brothers about her, and they told him that she had gone out with Sanaa. This made her father furious. He was confused—how would he explain to the guests that his daughter had run away and wasn't home? What would he tell the family? How could he face them? The groom and his family left without meeting Fatimah.

❖   ❖   ❖

"Hello, Sanaa!"

"Yes, hello, Uncle. How are you?"

"I'm fine... Is Fatimah with you?"

"Umm... yes, she's with me and..."

"قولي لَها أَنْ تَعودَ لِلْمَنْزِلِ خِلالَ نِصْفِ ساعَةٍ، وَإِلّا سَآتي لِآخُذَها غَصْبًا."

❖ ❖ ❖

بَعْدَ نِصْفِ ساعَةٍ، بَلْ مَرَّتْ ساعَةٌ وَساعَتانِ، لَكِنَّ فاطِمَةَ لَمْ تَعُدْ إِلى المَنْزِلِ.

"مَرْحَبًا يا عَمي. لَمْ تَكُنْ هُناكَ حاجَةٌ لِلْمَجيءِ. فاطِمَةُ عادَتْ إِلى المَنْزِلِ مُنْذُ فَتْرَةٍ طَويلَةٍ."

"ماذا تَقْصُدينَ مُنْذُ فَتْرَةٍ طَويلَةٍ؟ لَقَدِ انْتَظَرْتُها ساعَتَيْنِ وَلَمْ تَأْتِ!"

"لَكِنَّها غادَرَتْ مَنْزِلي وَقالَتْ أَنَّها سَتَعودُ إِلى المَنْزِلِ!"

عادَ والِدُ فاطِمَةَ إِلى المَنْزِلِ وَلَمْ يَجِدْ فاطِمَةَ هُناكَ. اِتَّصَلَ بِجَميعِ الأَقارِبِ والمَعارِفِ، لَكِنَّهُ لِلْأَسَفِ لَمْ يَجِدْها. وَانْتَظَرَ يَوْمًا وَيَوْمَيْنِ وَعَشَرَةِ أَيّامٍ وَلَمْ يَرِدْ خَبَرٌ عَنْ فاطِمَةَ. اِتَّصَلَ بِالشُّرْطَةِ، لَكِنْ لَمْ يَكُنْ هُناكَ دَليلٌ يُؤَدّي إِلى مَكانِ وُجودِها. وَبِالتَّأْكيدِ كانَ كُلَّ يَوْمٍ يُكَلِّمُ صَديقَتَها سَناءَ، الَّتي كانَتْ آخِرَ مَنْ رَآها، وَكانَ يَسْأَلُها إِنْ كانَتْ قَدْ رَأَتْها أَوْ عَرِفَتْ شَيْئًا جَديدًا، لَكِنْ في كُلِّ مَرَّةٍ يَسْأَلُها، كانَتْ تُجيبُ نَفْسَ الإِجابَةِ:

"لا."

[25:37]

"Tell her to come home within half an hour, or I will come and take her by force."

❖   ❖   ❖

Half an hour passed, then an hour, then two, but Fatimah didn't return home.

"Hello, Uncle. There was no need for you to come. Fatimah returned home a long time ago."

"What do you mean a long time ago? I've been waiting for her for two hours, and she hasn't come!"

"But she left my house and said she was going back home!"

Fatimah's father returned home and didn't find her there. He called all the relatives and acquaintances, but unfortunately, no one knew where she was. He waited a day, two days, ten days, but no news of Fatimah came. He contacted the police, but there was no lead on her whereabouts. And, of course, he called her friend Sanaa every day—the last person who saw her—asking if she had seen or heard anything new. But every time, she gave him the same answer: "No."

مَضَتْ عِدَّةُ أَشْهُرٍ وَلَمْ تَرِدْ أَيُّ أَنْباءٍ عَنْ فاطِمَةَ، وَلَكِنْ ذاتَ مَرَّةٍ كانَ والِدُ فاطِمَةَ يَمْشي في الشّارِعِ، وَصُدْفَةً رَأى صَديقَتَها سَناءُ تَسيرُ مَعَ ابْنِ أَخيهِ عَبّاسٍ.

"عَبّاسٌ؟ ماذا يَفْعَلُ مَعَ سَناءٍ؟ وَكَيْفَ يَعْرِفُها؟ إلى أَيْنَ هُما ذاهِبانِ؟"

بَدَأَ والِدُ فاطِمَةَ يُفَكِّرُ، لَمْ يَكُنْ يَعْرِفُ ماذا يَفْعَلُ، فَقَرَّرَ أَنْ يَتْبَعَهُما. مَشى وَرائَهُما حَتّى دَخَلا إلى بَيْتٍ ما. قَرَّرَ قَرْعَ الجَرَسِ لِيَرى ما الأَمْرُ، فَكانَتِ المُفاجَأَةُ لِسَناءَ عِنْدَما فَتَحَتِ البابَ.

"عَمّي! أَهْلًا وَسَهْ.. وَسَهْلًا!"

"كَيْفَ حالُكِ يا سَناءُ؟"

"أَنا بِخَيْرٍ وَلَكِنْ كَيْفَ وَصَلْتَ هُنا؟! أَقْصِدُ كَيْفَ عَرَفْتَ العُنْوانَ؟ وَلِمَنْ أَتَيْتَ؟"

"لِماذا؟! مَعَ مَنْ تَعيشينَ هُنا؟"

"لا! لا! لا أَعيشُ مَعَ أَيِّ أَحَدٍ، اِشْتَرى والِدي المَنْزِلَ مُؤَخَّرًا، وَأَنا أَتَيْتُ لِتَرْتيبِهِ حَتّى نَنْتَقِلَ إِلَيْهِ."

[27:11]

❖   ❖   ❖

Several months passed with no news of Fatimah. But one day, while walking down the street, Fatimah's father suddenly saw her friend Sanaa walking with his nephew, Abbas.

"Abbas? What is he doing with Sanaa? How does he know her? Where are they going?"

Fatimah's father started thinking. He didn't know what to do, so he decided to follow them. He walked behind them until they entered a house. He decided to ring the doorbell to see what was going on. Sanaa was shocked when she opened the door and saw him.

"Uncle! Welcome..."

"How are you, Sanaa?"

"I'm fine, but how did you get here?! I mean, how did you find the address? And who are you here for?"

"Why?! Who do you live with here?"

"No! No! I don't live with anyone. My father recently bought this house, and I came to organize it before we move in."

"عَجَبًا، مَبْروكٌ! سَأَتَصِّلُ الآنَ بِوالِدِكِ لِتَهْنِئَتِهِ عَلى المَنْزِلِ الجَديدِ."

"لا! لا تَتَّصِلْ بِهِ!"

"لِماذا؟"

"لَسْتُ السَّبَبَ! أُقْسِمُ أَنّي لَسْتَ السَّبَبَ!"

"ماذا بِكِ؟!"

"أَبي لا يَعْرِفُ شَيْئًا عَنِ المَنْزِلِ، وَلَيْسَ هُوَ مِنِ اشْتَراهُ."

"عَبّاسٌ -اِبْنُ أَخيكَ- هُوَ السَّبَبُ، لَكِنَّهُ هَرَبَ مِنَ البابِ الخَلْفِيِّ عِنْدَما رَآكَ مِنْ خِلالِ عَدَسَةِ البابِ!"

"عَبّاسٌ! لِماذا اشْتَرى المَنْزِلَ، وَلِماذا لا نَعْرِفُ عَنْهُ؟"

"أَنا...أَنا...تَزَوَّجْتُ مِنْ تَيْسيرٍ عَريسِ فاطِمَةَ، وَاشْتَرى عَبّاسٌ المَنْزِلَ لي لِأَنَّني أَبْعَدْتُ العَريسَ عَنِ الطَّريقِ حَتّى لا يَتَزَوَّجَ فاطِمَةَ."

"كَيْفَ؟ مَتى؟ لِماذا فَعَلْتِ هَذا بِصَديقَتِكِ؟"

"عَبّاسٌ هُوَ السَّبَبُ. كَما تَعْلَمُ، لَقَدْ أَرادَ الزَّواجَ مِنْ فاطِمَةَ لَكِنَّها لا تُحِبُّهُ، فَكانَ يَتَلَقّى أَخْبارَها مِنّي، وَكانَ دائِمًا هُوَ مِنْ

[28:40]

"Interesting, congratulations! I'll call your father now to congratulate him on the new house."

"No! Don't call him!"

"Why?"

"I'm not the reason! I swear, I'm not the reason!"

"What's wrong with you?!"

"My father doesn't know anything about the house, and he's not the one who bought it."

"Abbas—your nephew—is the reason, but he ran out through the back door when he saw you through the peephole!"

"Abbas?! Why did he buy the house, and why don't we know anything about it?"

"I... I... I married Taysir, Fatimah's supposed groom, and Abbas bought the house for me because I kept the groom away so that he wouldn't marry Fatimah."

"How? When? Why did you do this to your friend?"

"Abbas was the reason. As you know, he wanted to marry Fatimah, but she didn't love him. So he was always getting news about her from me. He was the one who kept sabotaging her attempts to

يُفْسِدُ مُحاوَلاتِ سَفَرِها لِلدِّراسَةِ والعَمَلِ. وَجَعَلَني آتي في ذَلِكَ اليَوْمِ الَّذي جاءَ فيه العَريسُ لِرُؤْيَتِها؛ لِأَمْنَعَ فاطِمَةَ مِنْ رُؤْيَتِهِ لِأَنَّها لَوْ رَأَتْهُ لَرُبَّما قَبِلَتْ، لِأَنَّهُ لَيْسَ كَما تَظُنُّ أَنْتَ!"

"ماذا تَقْصِدينَ؟!"

"هُوَ مُهَنْدِسٌ مِثْلُها، وَيَمْتَلِكُ شَرِكَةَ حاسوبٍ تُعَدُّ مِنْ أَفْضَلِ الشَّرِكاتِ في البِلادِ، وَأَيْضًا..."

"أَكْمِلي."

"أَخْبَرْتُها أَنَّني رَأَيْتُهُ وَأَنَّهُ يَبْدو وَكَأَنَّهُ أَكْبَرُ مِنْ 60 عامًا حَتّى لا تُقابِلَهُ. وَعِنْدَما سَمِعَ عَبّاسٌ أَنَّ العَريسَ في حالَةٍ مادّيَّةٍ جَيِّدَةٍ أَوْصَلَ كَلامًا لِعائِلَةِ العَريسِ بِأَنَّ فاطِمَةَ تُريدُ عَريسًا ثَرِيًّا، وَلِهَذا أَخْبَروها أَنَّهُ لا يَعْمَلُ وَلا يَمْلِكُ مَنْزِلًا، لِكَيْ يَخْتَبِروها."

"ماذا تَقولينَ؟ وَعَبّاسٌ؟ وَلِماذا جاءَ عِنْدَكَ؟"

"يُريدُ أَنْ يَعْرِفَ مَكانَ فاطِمَةَ، لِأَنَّهُ يَتَوَقَّعُ مِنْها أَنْ تُكَلِّمَني، لَكِنَّها لِلْأَسَفِ لَمْ تُكَلِّمْني مُنْذُ أَنْ سافَرَتْ."

"سافَرَتْ؟ فاطِمَةُ سافَرَتْ؟"

travel for study and work. He made me come that day when the groom was supposed to meet her, just to prevent Fatimah from seeing him. Because if she had met him, she might have accepted, since he wasn't what you thought!"

"What do you mean?!"

"He's an engineer like her, and he owns a computer company that is one of the best in the country. And also…"

"Continue."

"I told her that I saw him and that he looked over sixty years old so that she wouldn't meet him. And when Abbas heard that the groom was financially well-off, he spread a rumor to the groom's family that Fatimah wanted a wealthy man. That's why they told her that he was unemployed and didn't own a house—to test her."

"What are you saying?! And Abbas?! Why did he come to you?"

"He wants to know where Fatimah is, because he expects her to contact me. But unfortunately, she hasn't spoken to me since she left."

"She left? Fatimah left?"

"سَمِعَتْني فاطِمَةُ أَتَحَدَّثُ مَعَ عَبّاسٍ عَلى الهاتِفِ، فَعَرِفَتْ ما فَعَلْناهُ أَنا وَعَبّاسٌ، لَكِنَّها لَمْ تَكُنْ تَعْرِفُ كُلَّ شَيْءٍ. لَقَدْ عَرِفَتْ فَقَطْ أَنَّهُ لَمْ يَكُنْ كَبيرًا في السِّنِّ كَما قُلْتُ لَها، فَخَرَجَتْ مِنْ عِنْدي في حالَةِ صَدْمَةٍ، وَكُنْتُ أَتَوَقَّعُ أَنَّها سَتَعودُ إِلى المَنْزِلِ، لَكِنَّها..."

"كَفى! أَنْتُما شَيْطانانِ! كَيْفَ سَأَسْتَعيدُ ابْنَتي؟"

"أَنا أَعْرِفُ أَيْنَ هِيَ!"

"كَيْفَ؟ وَلِماذا لَمْ تُخْبِري عَبّاسًا بِمَكانِها؟"

"لِأَنّي...لِأَنّي لَنْ أَتَمَكَّنَ مِنَ النَّظَرِ في وَجْهِها عِنْدَما تَأْتي وَتَعْرِفُ مِنْ هُوَ تَيْسيرٌ، وَأَخْشى أَيْضًا أَنْ أَخْسَرَ تَيْسيرًا."

"حَسَنًا، أَيْنَ هِيَ؟"

"هَلْ تَتَذَكَّرُ صَديقَتَها في الكُوَيْتِ؟ ذَهَبَتْ إِلى هُناكَ وَهِيَ تَعيشُ وَتَعْمَلُ مَعَها في نَفْسِ الشَّرِكَةِ، وَقَبْلَ أَنْ تَسْأَلَني كَيْفَ عَرَفْتُ، صَديقَتي مُنى تَعْرِفُها، يُمْكِنُكَ الحُصولُ عَلى رَقْمِها أَوْ عُنْوانِها مِنْها. أَنا آسِفَةٌ، لَمْ أَقْصِدْ فِعْلَ ذَلِكَ، وَلَمْ تَكُنْ فِكْرَتي، لَكِنَّ الطَّمَعَ جَعَلَني أَفْعَلُ ذَلِكَ. تَيْسيرٌ عَريسٌ لا يَتَكَرَّرُ."

[31:25]

"Fatimah overheard me talking to Abbas on the phone and realized what we had done—me and Abbas. But she didn't know everything. She only found out that he wasn't as old as I told her. She left my place in shock, and I thought she would go back home, but she..."

"Enough! You two are devils! How will I get my daughter back?"

"I know where she is!"

"How? And why didn't you tell Abbas where she is?"

"Because... because I wouldn't be able to look her in the eye when she finds out who Taysir really is. And I'm also afraid of losing Taysir."

"Alright, where is she?"

"Do you remember her friend in Kuwait? She went there, and she's living and working with her in the same company. And before you ask me how I found out—my friend, Mona, knows her. You can get her number or address from her. I'm sorry, I didn't mean to do this, and it wasn't my idea. But greed made me do it. Taysir is a groom that can't be replaced."

"لَوْ لَمْ تَكوني امْرَأَةً لَضَرَبْتُكِ. وَلَكِنْ فَلْيَنْتَقِمْ مِنْكُما اللّهُ."

أَخَذَ والِدُ فاطِمَةَ رَقْمَ مُنى مِنْ سَناءَ قَبْلَ أَنْ يُغادِرَ وَهُوَ مَصْدومٌ مِنْ مَكْرِها هِيَ وَعَبّاسٌ اِبْنُ أَخيهِ، الَّذي كانَ يُحِبُّهُ كَحُبِّهِ لِأَبْنائِهِ. تَحَدَّثَ إلى مِنى وَأَخَذَ رَقْمَ فاطِمَةَ مِنْها بَعْدَ عِدَّةِ مُحاوَلاتٍ؛ لِأَنَّها كانَتْ تَخْشى أَنْ تَنْزَعِجَ صَديقَتُها فاطِمَةُ مِنْها، أَوْ تَحْزَنَ كَما كانَتْ عِنْدَ وُصولِها إِلى الكُوَيْتِ، لَكِنَّ والِدَ فاطِمَةَ أَخْبَرَها بِكُلِّ ما حَدَثَ، وَفي النِّهايَةِ أَعْطَتْهُ رَقْمَ الهاتِفِ.

❖ ❖ ❖

"مَرْحَبًا، مَنْ مَعي؟"

"أَهْلًا فاطِ.. فاطِمَةُ؟"

"أَبي؟!"

وَهُنا بَدَأَتْ فاطِمَةُ وَوالِدُها في البُكاءِ.

"نَعَمْ، كَيْفَ حالُكِ يا فاطِمَةُ؟ كَيْفَ يُمْكِنُكَ تَرْكي أَنا وَأَخَواتِكِ لِوَحْدِنا؟ أَنا آسِفٌ، لَمْ أَرْغَبْ في إِجْبارِكِ عَلى شَيْءٍ، لَكِنّي كُنْتُ أَخْشى أَنْ تُضَيِّعي مُسْتَقْبَلَكِ، وَيَنْتَهِيَ بِكِ الأَمْرُ وَحيدَةً دونَ زَواجٍ."

[32:58]

"If you weren't a woman, I would have hit you. But may God take revenge on both of you."

Fatimah's father took Mona's number from Sanaa before leaving, shocked by her deception and that of Abbas, his nephew whom he loved as much as his own children. He spoke to Mona and, after several attempts, managed to get Fatimah's phone number from her. Mona was hesitant, fearing Fatimah would be upset with her or feel sad again as she did when she first arrived in Kuwait. But after Fatimah's father explained everything, she finally gave him the number.

❖   ❖   ❖

"Hello, who is this?"

"Hello, Fati... Fatimah?"

"Dad?!"

And at that moment, both Fatimah and her father started crying.

"Yes, how are you, Fatimah? How could you leave me and your brothers alone? I'm sorry. I never wanted to force you into anything, but I was afraid you would ruin your future and end up alone, without marriage."

"لا مُشْكِلَةَ، اِنْتَهى الأَمْرُ، وَأَنا هُنا أَعْمَلُ في وَظيفَةٍ جَيِّدَةٍ، وَتَعَرَّفْتُ أَيْضًا عَلى شابٍّ يَعْمَلُ مَعي، وَهُوَ فِلِسْطينِيٌّ مِنَ القُدْسِ، وَهُوَ أَكْبَرُ مِنّي بِعامٍ واحِدٍ فَقَطْ، وَحاوَلَ أَنْ يَتَقَدَّمَ لي لَكِنَّني قُلْتُ لَهُ أَنْ يُؤَجِّلَ الأَمْرَ، لِأَنَّني لَمْ أَعْرِفْ كَيْفَ أُخْبِرُكَ بِذَلِكَ، وَلَكِنِ الآنَ بَعْدَ أَنْ عَرَفْتُ، سَأُعْطيهِ رَقْمَ هاتِفِكَ لِيَتَمَكَّنَ مِنَ التَّحَدُّثِ مَعَكَ."

"نَعَمْ، أَعْطِهِ الرَّقْمَ، وَسَأَكْتَشِفُ أَمْرَهُ!"

وَهُنا ضَحِكَتْ فاطِمَةُ وَقالَتْ لَهُ: "أَما زِلْتَ عَلى حالِكَ!"

[34:27]

"It's okay, it's all over now. I'm here, working a great job, and I've also met a young man who works with me. He's Palestinian, from Jerusalem, and he's only one year older than me. He tried to propose, but I asked him to wait because I didn't know how to tell you about it. But now that you know, I'll give him your number so he can talk to you."

"Yes, give him my number, and I'll find out about him myself!"

And at that moment, Fatimah laughed and said to him, "You haven't changed a bit!"

ARABIC TEXT WITHOUT TASHKEEL

For a more authentic reading challenge, read the story without the aid of diacritics (tashkeel) and the parallel English translation.

حياة فاطمة

هل من الممكن أن يوافق والدي على سفري وإكمال دراستي في الخارج؟ المنحة الدراسية جيدة جدا وفيها العديد من المزايا. سأخبره، من غير المعقول أن يرفض لأنها فرصة لا تأتي لأي أحد.

ذهبت فاطمة إلى والدها لأخذ رأيه في المنحة، وهي تتحدث مع نفسها بهذا الشكل.

فاطمة سمير مهندسة حاسوب تبلغ من العمر 24 عاما، وهي ناجحة جدا في عملها. ولكن الفرص المتاحة في بلدها لا تتناسب مع طموحاتها. هي ليست متزوجة ولم يسبق لها أن كانت في علاقة. أمها ميتة، ولديها أخوان توأم صغار. توفيت والدتها أثناء ولادتها إياهما، وهي التي ساعدت والدها في تربيتهما.

"أبي! لقد تلقيت قبولا بمنحة دراسية جيدة جدا في الخارج، يعني أنني سأكمل دراستي في واحدة من أفضل الجامعات في الخارج وأيضا..."

وهنا كانت الصدمة!

"كفى كفى! لا تكملي. نحن لا نسمح للفتيات بالسفر إلى الخارج بمفردهن. دعيني أكمل مشاهدة المسلسل دون ضجيج! وعلى العموم، ماذا سيقول عنا الناس والعائلة؟"

"ولكن لماذا؟! ما هي المشكلة في أن أسافر لإكمال دراستي وبناء مستقبلي؟ كما أنني..."

"كفى! أخبرتك أنني أريد أن أكمل مشاهدة المسلسل دون ضجيج."

رد والد فاطمة عليها بصوت عال وأنهى الحوار.

خرجت فاطمة من الغرفة وهي تتحدث مع نفسها: "ماذا أفعل يا الله؟ لا أعلم ماذا أفعل. لا ينبغي أن أخسر فرصة يتمناها أي أحد كهذه. هل أطلب من خالي أن يقنع والدي؟ لكنني ذهبت إلى خالي مسبقا وقال لي: "والدك لا يستمع إلى أي شخص إلا إن كان من عائلته."

بقي يومان فقط على انتهاء قبول المنحة ولم ترد عليهم فاطمة. حاولت التحدث مع والدها مرة أخرى، لربما يقتنع، لكن للأسف، حصلت على نفس الرد: "لا نسمح للفتيات بالسفر إلى الخارج بمفردهن، وماذا سيقول الناس عنا." وبهذا، خسرت فاطمة فرصة عظيمة كان من الممكن أن تغير الكثير في مسار حياتها. وهذه أول خسارة لها في حياتها وهي في الرابعة والعشرين من عمرها.

❖ ❖ ❖

لكن فاطمة قررت ألا تستسلم أبدا وحاولت تطوير نفسها لتحقق طموحاتها وأحلامها، فبدأت في التقدم لوظائف بالخارج أيضا، وسألت صديقاتها المقيمات بالخارج إن كن يعرفن أي شركة تريد توظيف مهندسين، وبالفعل، وجدت لها إحدى صديقاتها في الكويت فرصة تناسبها وتناسب شهاداتها وخبراتها، فهل ستنجح هذه المرة؟

"مرحبا سناء! كيف حالك؟"

"أهلا فاطمة، الحمد لله أنا بخير، كيف حالك؟"

"أنا بخير أيضا، وسعيدة جدا. هناك عرض عمل جيد جدا، لكن هناك مشكلة!"

"مبارك! عظيم! ولكن ما هي المشكلة؟"

"الوظيفة في شركة خليجية بالخارج تعمل في مجال تكنولوجيا المعلومات، وصديقتي تعمل هناك. أرسلت لهم سيرتي الذاتية، فطلبوا إجراء مقابلة معي، وأجريت المقابلة عبر الإنترنت، ولا أعرف ما إذا كان علي أن أفرح أو أحزن. لقد قبلوني للوظيفة، لكني لا أعرف كيف أخبر والدي. أتذكرين قبل بضع سنوات عندما كنت أرغب في السفر للحصول على منحة دراسية ولم يوافق والدي؟ الآن لا أعرف ماذا أقول له!"

"ما الذي تتحدثين عنه؟ والدك لم يوافق على منحة دراسية كانت ستستمر لمدة سنة، وأنت الآن تقولين أنها وظيفة، يعني أنها في الغالب ستستمر لسنوات."

"أعلم ذلك، ولهذا السبب لا أعرف كيف أخبره، ولكن لا خيار، يجب أن أخبره بذلك الآن. لأنني يجب أن أرد خلال ثلاثة أيام."

"هل من الممكن ألا يوافق؟! لكنني حقا أود هذه الفرصة."

"حسنا! حاولي مع والدك مرة أخرى. قد يوافق هذه المرة."

أنهت فاطمة المكالمة مع صديقة طفولتها سناء، التي تعرف كل شيء عن حياتها وكيف وقف والدها وبقية أفراد الأسرة في طريق طموحاتها وأحلامها. ذهبت للتحدث مع والدها حول الأمر وهي خائفة. أخذت فاطمة نفسا عميقا قبل أن تدخل لتتحدث مع والدها، لكن في النهاية، كان عليها أن تدخل وتتكلم.

❖   ❖   ❖

"أب...أبي!"

"نعم؟ ماذا هنالك؟"

"أريد أن أخبرك بشيء مهم."

"حسنا، تحدثي، لنسمع."

"أنت تعرف كل شيء عن العمل في غزة والرواتب. دائما ما يبذل الشخص قصارى جهده ولكن يتقاضى أجرا قليلا."

"حسنا..."

"وجدت عملا في شركة أفضل وبراتب أفضل."

"حسنا، هذا جيد. فلتذهبي إليها!"

"الأمر أن..."

"ما خطبك؟! ما بك؟!"

"الشركة ليست هنا. إنها في الخارج، في دولة الكويت!"

"الكويت! إنها دولة جيدة، ورواتبهم جيدة، لكن دعيني أفكر في الأمر وسنرى ما سيحدث."

"هل أخبرهم أنني موافقة وأنني قبلت الوظيفة!"

"لا...لا...انتظري حتى أفكر وأرى."

"ولكن لدي ثلاثة أيام فقط."

"سنتحدث غدا. أنا في عجلة من أمري الآن، أريد أن أخرج."

خلدت فاطمة إلى فراشها في تلك الليلة وهي تدعي أن يوافق والدها غدا على سفرها؛ لأن العمل في شركة خليجية هو بمثابة حلم لكثير من المهندسين.

"أبي! لقد أخبرتني أنك سترد علي اليوم."

"أجل! حسنا! حسنا!"

"ماذا تقصد بقولك حسنا؟ ! هل أخبرهم بموافقتي؟!"

"لا...لا...السفر ممنوع، انسي الأمر."

"لا! كيف؟! لماذا؟! ماذا حدث؟!"

"السفر للفتاة لوحدها ليس مناسبا، ولا أريد أن أسمع ثرثرة من هنا وهناك."

"ولكن..."

"لا. هذا كل شيء. أنهي الموضوع."

"لكنني لست فتاة صغيرة. عمري الآن 27 عاما، وعملي هنا ليس جيدا. لماذا لا أجرب شيئا جديدا؟!"

"قلت لك لا، لذا توقفي ولا تتحدثي عن هذا الأمر مرة أخرى."

وبهذا تكون فاطمة قد خسرت -للمرة الثانية- فرصة لتطوير نفسها وتحقيق طموحاتها وأحلامها فقط بسبب ما سيقوله الناس والعائلة.

❖ ❖ ❖

"ماذا؟ كيف ذلك؟! هل توقفت حياتي هنا؟! لكن لماذا؟! ماذا فعلت؟!"

خرجت فاطمة من منزلها، متوجهة إلى منزل صديقتها سناء، تفكر فقط في الفشل الذي يحيط حياتها كلها. تبلغ من العمر 30 عاما الآن، بلا زواج ولا أطفال ولا استقرار. حتى وظيفتها ليست مستقرة، وتتنقل ما بين شركة وأخرى دون أي تقدم في مسارها المهني.

"مرحبا سناء!"

"مرحبا فاطمة! ماذا بك؟ أشعر أنك لست سعيدة!"

"لا، أنا بخير، لكن كما تعلمين، الحياة في حالة يرثى لها ولا يوجد حل."

"لماذا؟ هل حدث لك شيء جديد؟"

"لا، أقصد نعم، لا، لا، لا...لا أعرف، أنا لا أعرف!"

"حسنا! هل فعل والدك أو عائلتك شيئا جديدا؟!"

"المشكلة أنهم يفعلون ذلك دون إخباري، وكما تعلمين، أحاول أن أعرف، لكنني لا أعرف!"

"حسنا...لا عليك. كل شيء سيحل لاحقا."

"لا أعتقد ذلك!"

غادرت فاطمة منزل سناء وعادت إلى منزلها، وعندما دخلت المنزل رأت والدها جالسا مع عمها وأبناء عمها في الفناء.

"بالتأكيد أنهم يخططون لكارثة. يعتقدون أنهم يستطيعون التحكم في حياتي كما يحلو لهم."

صعدت فاطمة درج المنزل وهي تفكر فيهم، ثم بدلت ملابسها ونامت.

❖   ❖   ❖

"فاطمة! فاطمة!"

ماذا هنالك؟! هذا صوت والدي يناديني!

"نعم؟ ماذا هنالك؟!"

"تعالي إلى غرفة المعيشة. أريد التحدث معك في أمر."

"ها قد أتيت. ما الأمر؟"

"اسمعي! أصبحت تبلغين من العمر 30 عاما ولم تتزوجي بعد. وكما تعلمين، عندما تكبر الفتاة تقل فرصها، وقد ينتهي بها الأمر إلى أن تصبح عانسا!"

"كل شيء مقدر كما كتبه الله!"

"لا، لا... يوجد عريس جيد جدا ومناسب لنا وللعائلة، سألت عنه، قالوا إنه جيد."

ماذا؟! مرة أخرى تقول لي "قالوا إنه جيد؟" من الذي قال؟ ومن هم ليقرروا بالنيابة عني من هو جيد ومن لا؟ عندما أود الزواج سأختاره بنفسي. لست بحاجة لمساعدتكم!

"اخرسي! أطبقي فمك! سأخبر الناس أن يأتوا غدا سواء وافقت أم لا."

"وقد سبق أن أخبرتك أنني أريد السفر لإكمال دراستي والعمل في وظيفة جيدة، لكنك لم توافق، وقلت لي أن الناس والعائلة سيتكلمون عنا بالسوء."

"هذا قراري النهائي. استعدي غدا للقاء الناس."

"حسنا، ما اسمه؟ ماذا يعمل؟ أين يسكن؟"

"غدا عندما تأتي عائلته لرؤيتك ستعرفين كل التفاصيل."

"حسنا."

"هذا يكفي، أنا ذاهب للنوم. وغدا ستعرفين التفاصيل."

لمحت فاطمة والدها وهي خارجة من غرفة المعيشة. لقد رأت كم كان حازما وعنيفا، أكثر من كل مرة، وهذا جعلها تتوتر وتخاف أكثر، وأن هذه المرة الأمر يختلف تماما.

❖ ❖ ❖

"مرحبا، سناء؟"

"مرحبا، فاطمة؟ ماذا بك؟ صوتك وكأنك تبكين!"

"نعم! أحضروا لي عريسا."

"حسنا! تكلمي ببطء حتى أفهمك. بالطبع أنت تتحدثين عن والدك وأبناء عمك!"

"بالتأكيد، هم يهتمون بمصالحهم، وقال أنه غدا سيسمح لهم بالمجيء لرؤيتي."

"حسنا، هل تعلمين عنه شيئا؟"

"لا، لا شيء، ولكن بما أنهم موافقون عليه، فمن المؤكد أن لهم مصلحة في ذلك."

"حسنا، ماذا ستفعلين؟"

"لا أدري! قولي لي ماذا أفعل؟! لو كانت أمي هنا لكانت ساعدتني. وأيضا إخوتي صغار، ليس لدي أحد!"

"حسنا، حاولي التحدث مع والدك مرة أخرى."

"تحدثت، لكنك تعرفين المجتمع الذكوري، فقط هم من يقررون ويفعلون الأشياء، ونحن فقط نقول نعم."

"بالطبع لا، لا تقولي نعم، لكني لا أعرف كيف أساعدك."

انتهت المكالمة بين سناء وفاطمة دون إيجاد حل. ولكن من المؤكد أن فاطمة لن تلتزم الصمت لأنها تعرضت لمثل هذا الأمر مرات عديدة، ولكن لم يسبق لها أن سمحت للناس بالحضور إلى المنزل. لكن هذه المرة كانت مختلفة، وقال والدها أنه سيسمح لهم بالحضور غدا. هذا يعني أن عليها أن تجد حلا بسرعة، لكنها للأسف لم تجد.

❖ ❖ ❖

دق باب البيت. فتحت فاطمة الباب، وكان عند الباب ثلاث سيدات وهن في الثلاثينيات والأربعينيات من العمر. بدوا وكأنهم من الطبقة المتوسطة، أي قريبين من مستوى معيشة فاطمة. رحبت بهم فاطمة وأدخلتهم إلى غرفة الضيوف، لكن للأسف زيارتهم لم تكن طويلة!

"كيف حالك؟ اسمك فاطمة؟"

"الحمد لله، نعم أنا فاطمة."

"اسمك جميل يا فاطمة! أين وماذا تعملين؟"

"أنا مهندسة حاسوب أعمل في شركة تي..."

"كم تتقاضين راتبا؟"

"أنا أعمل في شركة "تيك سيرفسز"، وراتبي أمر شخصي، لا أخبر أحدا بذلك. اعذروني، ولكن ماذا يعمل العريس، وكم يتقاضى؟"

"أنت تعلمين أن الوضع في غزة صعب، ولن يكون هناك فرق بينك وبينه عندما تأتون للعيش معنا."

"معنا" ماذا تقصدين بذلك؟!

"ألم يخبرك والدك؟! أخي تيسير عاطل عن العمل، فكيف سيبني بيتا؟"

"حسنا! هل تقصدون أن تخبروني أنكم أتيتم إلي حتى أنفق على ابنكم؟!"

"حسنا! أنت أيضا تقدمت في العمر، ولو كان أخي يعمل، لذهب لفتاة أصغر سنا."

"ماذا، ماذا؟؟ لم أكن أرغب في هذا الزواج من البداية على أي حال، لكن والدي أجبرني أن أجلس معك. أنا آسفة! لا أود الزواج. ابحثوا عن خادمة أخرى لتتزوج ابنكم وتنفق عليه وتخدمه وتخدمكم."

غادرت فاطمة غرفة الضيوف، تاركة إياهم شاعرين بالدهشة والصدمة من رد فعلها. يفترض أن يكون عمرها دافعا يجعلها تقبل بأي شخص، حتى لو كان سيشكل عبئا عليها.

❖ ❖ ❖

"لا تقل لي أن ظل الرجل أفضل من ظل الحائط. الحائط أفضل بالنسبة لي. على الأقل لن يكون جشعا ويسرق مجهودي وأموالي."

"كيف تتكلمين مع الناس بهذا الشكل؟!"

"قلت لك من البداية أنني لا أريد مقابلتهم لكنك أصررت وقلت أنه مناسب، وأن العائلة قالت أنه مناسب. لا أعرف ما المناسب فيه!"

لقد تحدثت معهم وقالوا: "لا بأس، نحن نتفهمها وسننسى ما حدث. غدا سيأتون بصحبة ابنهم العريس تيسير."

"ماذا؟! كيف؟! لا أريده لا هو ولا أهله."

"القرار نهائي! استعدي! جهزي ما سترتديه حتى تبدين جميلة ويقتنع الشاب بك؟"

"يا للعجب! لا زلت بحاجة إلى إقناعه! سيكون من الأفضل لو لم يقتنع. انظر! أنا لا أريده، وسأتزوج عندما يأتي الشخص المناسب لي، وليس المناسب لكم."

غادر والد فاطمة المنزل، وظلت فاطمة تتحدث مع نفسها. "أمي، أتمنى لو أنك موجودة، رحمك الله، كان من الممكن أن تساعديني، وأخواي ما زالا صغيرين. لا أعلم ماذا أفعل وماذا سيحدث."

تبقى ساعة واحدة فقط ليأتي العريس وعائلته، وما زالت فاطمة لم تستعد. سمعت جرس الباب، فتحته ووجدت صديقتها سناء.

"سناء، ما الذي أتى بك؟"

"لا أعرف، لكني شعرت أنني يجب أن أكون معك اليوم."

"أنا حقا بحاجة إلى شخص معي، ماذا أفعل؟! أخبريني!"

"ارتدي ملابسك وقابليهم ولتري ما سيحدث. وبعد مغادرتهم، سنفكر بم سنفعل."

فكرت فاطمة فيما قالته صديقتها سناء. قررت أن تفعل ما قالته لها، فاستعدت وارتدت فستانا طويلا أسود اللون، وبالتأكيد ارتدت الحجاب، لأنه هكذا هذه هي العادات والتقاليد.

حان الوقت. دق جرس المنزل. وكان وقتها والد فاطمة جاهزا أيضا. فتح الباب وأدخلهم غرفة الضيوف، وفي هذا الوقت كانت سناء تنظر من خلف الباب لترى العريس وتخبر فاطمة كيف شكله. ولكن بمجرد أن رأته شهقت ولم تعرف ماذا تقول لفاطمة.

"سناء! كيف الفستان؟ هل هو جيد؟ ممم.. ما الأمر. تبدين مصدومة. هل حدث شيء؟"

"لا، لا، نعم...كيف لا، نعم، هناك شيء، وشيء كبير، ماذا تعرفين عن العريس؟"

"أنا؟ أنا فقط أعرف أنه عاطل عن العمل، واسمه تيسير و..."

"هل تعرفين كم عمره؟ أو ماذا درس؟ كيف شكله؟ والدك لم يقل لك أي شيء؟"

"لا، لم يقل شيئا! هل علمت شيئا؟"

"ممم...لا أعرف ماذا أقول لك."

"ماذا هنالك؟ قولي لي!"

"العريس ليس صغيرا في السن. يبدو كبيرا."

"كم عمره؟"

"ممم...لا يقل عن...ممم..."

"قولي لي كم؟"

"بصراحة، لا يقل عمره عن ستين سنة..."

"ما الذي تقولينه؟!"

"هذا ما رأيته. وأيضا..."

"لا تكملي، لن ألتقي بهم، سأغير الفستان وألبس ملابس أخرى بسرعة، وأريد أن أخرج من منزلي وأذهب معك إلى منزلك."

غيرت فاطمة فستانها بسرعة وغادرت المنزل مع صديقتها سناء.

"فاطمة! فاطمة! أين أنت؟"

سأل والد فاطمة أخويها الصغيرين عن فاطمة، فأخبراه أنها خرجت مع سناء، وبهذا غضب والد فاطمة. كان في حيرة من أمره. كيف سيخبر الضيوف بأن ابنته قد هربت وأنها ليست في المنزل، وماذا سيقول للعائلة، وكيف سينظر في وجوههم. غادر العريس وعائلته دون رؤية فاطمة.

❖　❖　❖

"مرحبا سناء!"

"نعم، مرحبا عمي كيف حالك؟"

"أنا بخير..فاطمة عندك؟"

"ممم...نعم، هي عندي و..."

"قولي لها أن تعود للمنزل خلال نصف ساعة، وإلا سآتي لآخذها غصبا."

❖   ❖   ❖

بعد نصف ساعة، بل مرت ساعة وساعتان، لكن فاطمة لم تعد إلى المنزل.

"مرحبا يا عمي. لم تكن هناك حاجة للمجيء. فاطمة عادت إلى المنزل منذ فترة طويلة."

"ماذا تقصدين منذ فترة طويلة؟ لقد انتظرتها ساعتين ولم تأت!"

"لكنها غادرت منزلي وقالت أنها ستعود إلى المنزل!"

عاد والد فاطمة إلى المنزل ولم يجد فاطمة هناك. اتصل بجميع الأقارب والمعارف، لكنه للأسف لم يجدها. وانتظر يوما ويومين وعشرة أيام ولم يرد خبر عن فاطمة. اتصل بالشرطة، لكن لم يكن هناك دليل يؤدي إلى مكان وجودها. وبالتأكيد كان كل يوم يكلم صديقتها سناء، التي كانت آخر من رآها، وكان يسألها إن كانت قد رأتها أو عرفت شيئا جديدا، لكن في كل مرة يسألها، كانت تجيب نفس الإجابة: "لا."

❖   ❖   ❖

مضت عدة أشهر ولم ترد أي أنباء عن فاطمة، ولكن ذات مرة كان والد فاطمة يمشي في الشارع، وصدفة رأى صديقتها سناء تسير مع ابن أخيه عباس.

"عباس؟ ماذا يفعل مع سناء؟ وكيف يعرفها؟ إلى أين هما ذاهبان؟"

بدأ والد فاطمة يفكر، لم يكن يعرف ماذا يفعل، فقرر أن يتبعهما. مشى ورائهما حتى دخلا إلى بيت ما. قرر قرع الجرس ليرى ما الأمر، فكانت المفاجأة لسناء عندما فتحت الباب.

"عمي! أهلا وسه.. وسهلا!"

"كيف حالك يا سناء؟"

"أنا بخير ولكن كيف وصلت هنا؟! أقصد كيف عرفت العنوان؟ ولمن أتيت؟"

"لماذا؟! مع من تعيشين هنا؟"

"لا! لا! لا أعيش مع أي أحد، اشترى والدي المنزل مؤخرا، وأنا أتيت لترتيبه حتى ننتقل إليه."

"عجبا، مبروك! سأتصل الآن بوالدك لتهنئته على المنزل الجديد."

"لا! لا تتصل به!"

"لماذا؟"

"لست السبب! أقسم أني لست السبب!"

"ماذا بك؟!"

"أبي لا يعرف شيئا عن المنزل، وليس هو من اشتراه."

"عباس -ابن أخيك- هو السبب، لكنه هرب من الباب الخلفي عندما رآك من خلال عدسة الباب!"

"عباس! لماذا اشترى المنزل، ولماذا لا نعرف عنه؟"

"أنا...أنا...تزوجت من تيسير عريس فاطمة، واشترى عباس المنزل لي لأنني أبعدت العريس عن الطريق حتى لا يتزوج فاطمة."

"كيف؟ متى؟ لماذا فعلت هذا بصديقتك؟"

"عباس هو السبب. كما تعلم، لقد أراد الزواج من فاطمة لكنها لا تحبه، فكان يتلقى أخبارها مني، وكان دائما هو من يفسد محاولات سفرها للدراسة والعمل. وجعلني آتي في ذلك اليوم الذي جاء فيه العريس لرؤيتها؛ لأمنع فاطمة من رؤيته لأنها لو رأته لربما قبلت، لأنه ليس كما تظن أنت!"

"ماذا تقصدين؟!"

"هو مهندس مثلها، ويمتلك شركة حاسوب تعد من أفضل الشركات في البلاد، وأيضا..."

"أكملي."

"أخبرتها أنني رأيته وأنه يبدو وكأنه أكبر من 60 عاما حتى لا تقابله. وعندما سمع عباس أن العريس في حالة مادية جيدة أوصل كلاما لعائلة العريس بأن فاطمة تريد عريسا ثريا، ولهذا أخبروها أنه لا يعمل ولا يملك منزلا، لكي يختبروها."

"ماذا تقولين؟ وعباس؟ ولماذا جاء عندك؟"

"يريد أن يعرف مكان فاطمة، لأنه يتوقع منها أن تكلمني، لكنها للأسف لم تكلمني منذ أن سافرت."

"سافرت؟ فاطمة سافرت؟"

"سمعتني فاطمة أتحدث مع عباس على الهاتف، فعرفت ما فعلناه أنا وعباس، لكنها لم تكن تعرف كل شيء. لقد عرفت فقط أنه لم يكن كبيرا في السن كما قلت لها، فخرجت من عندي في حالة صدمة، وكنت أتوقع أنها ستعود إلى المنزل، لكنها..."

"كفى! أنتما شيطانان! كيف سأستعيد ابنتي؟"

"أنا أعرف أين هي!"

"كيف؟ ولماذا لم تخبري عباسا بمكانها؟"

"لأني...لأني لن أتمكن من النظر في وجهها عندما تأتي وتعرف من هو تيسير، وأخشى أيضا أن أخسر تيسيرا."

"حسنا، أين هي؟"

"هل تتذكر صديقتها في الكويت؟ ذهبت إلى هناك وهي تعيش وتعمل معها في نفس الشركة، وقبل أن تسألني كيف عرفت، صديقتي منى تعرفها، يمكنك الحصول على رقمها أو عنوانها منها. أنا آسفة، لم أقصد فعل ذلك، ولم تكن فكرتي، لكن الطمع جعلني أفعل ذلك. تيسير عريس لا يتكرر."

"لو لم تكوني امرأة لضربتك. ولكن فلينتقم منكما الله."

أخذ والد فاطمة رقم مني من سناء قبل أن يغادر وهو مصدوم من مكرها هي وعباس ابن أخيه، الذي كان يحبه كحبه لأبنائه. تحدث إلى منى وأخذ رقم فاطمة منها بعد عدة محاولات؛ لأنها كانت تخشى أن تنزعج صديقتها فاطمة منها، أو تحزن كما كانت عند وصولها إلى الكويت، لكن والد فاطمة أخبرها بكل ما حدث، وفي النهاية أعطته رقم الهاتف.

❖   ❖   ❖

"مرحبا، من معي؟"

"أهلا فاط.. فاطمة؟"

"أبي؟!"

وهنا بدأت فاطمة ووالدها في البكاء.

"نعم، كيف حالك يا فاطمة؟ كيف يمكنك تركي أنا وأخواك لوحدنا؟ أنا آسف، لم أرغب في إجبارك على شيء، لكني كنت أخشى أن تضيعي مستقبلك، وينتهي بك الأمر وحيدة دون زواج."

"لا مشكلة، انتهى الأمر، وأنا هنا أعمل في وظيفة جيدة، وتعرفت أيضا على شاب يعمل معي، وهو فلسطيني من القدس، وهو أكبر مني بعام واحد فقط، وحاول أن يتقدم لي لكنني قلت له أن يؤجل الأمر، لأنني لم أعرف كيف أخبرك بذلك، ولكن الآن بعد أن عرفت، سأعطيه رقم هاتفك ليتمكن من التحدث معك."

"نعم، أعطه الرقم، وسأكتشف أمره!"

وهنا ضحكت فاطمة وقالت له: "أما زلت على حالك!"

COMPREHENSION QUESTIONS

1. كَمْ كانَ عُمْرُ فاطِمَةَ في القِصَّةِ؟
2. ما كانَتْ وَظيفَةُ فاطِمَةَ؟
3. لِماذا كانَتْ فاطِمَةُ تَعيشُ مَعَ والِدِها؟
4. ما كانَ مَوْقِفُ والِدِ فاطِمَةَ مِنَ المِنْحَةِ الدِّراسِيَّةِ؟
5. كَمْ كانَ عُمْرُ العَريسِ الَّذي تَقَدَّمَ لِفاطِمَةَ؟
6. مَنْ هِيَ سَناءُ؟
7. ما كانَ دَوْرُ عَبّاسٍ في القِصَّةِ؟
8. لِماذا كَذَبَتْ سَناءُ عَلى فاطِمَةَ بِشَأْنِ العَريسِ؟
9. إلى أَيْنَ ذَهَبَتْ فاطِمَةُ بَعْدَ هُروبِها؟
10. كَيْفَ عَرَفَ والِدُ فاطِمَةَ مَكانَ ابْنَتِهِ؟
11. ما كانَتْ حَقيقَةُ تَيْسيرٍ؟
12. مَنْ تَزَوَّجَ تَيْسيرٌ في النِّهايَةِ؟
13. كَيْفَ كانَ وَضْعُ فاطِمَةَ في الكُوَيْتِ؟
14. ما المُكافَأَةُ الَّتي حَصَلَتْ عَلَيْها سَناءُ مِنْ عَبّاسٍ؟
15. لِماذا لَمْ تُخْبِرْ سَناءُ عَبّاسًا بِمَكانِ فاطِمَةَ؟
16. ماذا حَدَثَ لِإِخْوَةِ فاطِمَةَ الصِّغارِ؟
17. كَيْفَ اكْتَشَفَ والِدُ فاطِمَةَ الخِدْعَةَ؟
18. ما كانَ رَدُّ فِعْلِ فاطِمَةَ عِنْدَما اتَّصَلَ بِها والِدُها؟
19. مَنِ الشَّخْصُ الَّذي تَعَرَّفَتْ عَلَيْهِ فاطِمَةُ في الكُوَيْتِ؟
20. كَيْفَ انْتَهَتِ القِصَّةُ؟

1. How old was Fatimah in the story?
2. What was Fatimah's profession?
3. Why was Fatimah living with her father?
4. What was Fatimah's father's position on the scholarship?
5. How old was the groom presented to Fatimah?
6. Who is Sanaa?
7. What was Abbas's role in the story?
8. Why did Sanaa lie to Fatimah about the groom?
9. Where did Fatimah go after she ran away?
10. How did Fatimah's father find out where his daughter was?
11. What was the truth about Tayseer?
12. Who did Tayseer end up marrying?
13. What was Fatimah's situation in Kuwait?
14. What reward did Sanaa receive from Abbas?
15. Why didn't Sanaa tell Abbas where Fatimah was?
16. What happened to Fatimah's younger brothers?
17. How did Fatimah's father discover the deception?
18. What was Fatimah's reaction when her father called her?
19. Who was the person Fatimah met in Kuwait?
20. How did the story end?

ANSWERS TO THE COMPREHENSION QUESTIONS

1. ثلاثونَ عامًا.
2. مُهَنْدِسَةُ حاسوبٍ.
3. لِأَنَّ والِدَتَها تُوُفِّيَتْ وَكانَ لَدَيْها إِخْوَةٌ صِغارٌ.
4. رَفَضَ لِأَنَّهُ لا يَقْبَلُ سَفَرَ الفَتاةِ بِمُفْرَدِها.
5. فَوْقَ السِّتّينَ عامًا (حَسَبَ قَوْلِ سَناء).
6. صَديقَةُ فاطِمَةَ المُقَرَّبَةُ.
7. كانَ يُحِبُّ فاطِمَةَ وَخَطَّطَ مَعَ سَناءَ لِإِفْسادِ زَواجِها.
8. لِتَحْصُلَ عَلى مُكافَأَةٍ مِنْ عَبّاسٍ.
9. سافَرَتْ إِلى الكُوَيْتِ عِنْدَ صَديقَتِها.
10. رَأى سَناءَ مَعَ عَبّاسٍ وَتَبِعَهُما وَعَرَفَ الحَقيقَةَ.
11. كانَ صاحِبَ شَرِكَةٍ وَمُهَنْدِسًا ناجِحًا.
12. سَناء.
13. وَجَدَتْ عَمَلًا جَيِّدًا وَتَعَرَّفَتْ عَلى شابٍّ فِلَسْطينِيٍّ.
14. مَنْزِلٌ جَديدٌ.
15. خافَتْ أَنْ تَخْسَرَ تَيْسيرًا وَخافَتْ مِنْ مُواجَهَةِ فاطِمَةَ.
16. بَقوا مَعَ والِدِهِم.
17. عِنْدَما رَأى سَناءَ وَعَبّاسًا يَمْشِيانِ مَعًا.
18. بَكَتْ وَتَحَدَّثَتْ مَعَهُ عَنْ وَضْعِها في الكُوَيْتِ.
19. شابٌّ فِلَسْطينِيٌّ مِنَ القُدْسِ.
20. تَصالَحَتْ فاطِمَةُ مَعَ والِدِها وَأَرادَتْ أَنْ تُعَرِّفَهُ عَلى الشّابِّ الفِلَسْطينِيِّ.

1. 30 years old.
2. Computer engineer.
3. Because her mother died and she had young brothers.
4. He refused because he wouldn't allow a girl to travel alone.
5. Over sixty years old (according to Sanaa).
6. Fatimah's close friend.
7. He loved Fatimah and plotted with Sanaa to ruin her marriage.
8. To get a reward from Abbas.
9. She traveled to Kuwait to stay with her friend.
10. He saw Sanaa with Abbas, followed them, and learned the truth.
11. He was a successful engineer and company owner.
12. Sanaa.
13. She found a good job and met a Palestinian man.
14. A new house.
15. She was afraid of losing Tayseer and facing Fatimah.
16. They stayed with their father.
17. When he saw Sanaa and Abbas walking together.
18. She cried and told him about her situation in Kuwait.
19. A Palestinian man from Jerusalem.
20. Fatimah reconciled with her father and wanted him to meet the Palestinian man.

SUMMARY

Read the scrambled summary of the story below. Write the correct number (1–10) in the blank next to each event to show the proper sequence.

___ هَرَبَتْ فاطِمَةُ مِنَ المَنْزِلِ عِنْدَما عَرَفَتْ بِالخِدْعَةِ وَسافَرَتْ إِلى الكُوَيْتِ

___ تَزَوَّجَتْ سَناءُ مِنْ تَيْسيرٍ (العَريسِ) وَحَصَلَتْ عَلى مَنْزِلٍ هَدِيَّةً مِنْ عَبّاسٍ

___ حَصَلَ عَلى رَقْمِ هاتِفِ فاطِمَةَ في الكُوَيْتِ وَاتَّصَلَ بِها وَاعْتَذَرَ مِنْها

___ عَرَفَ أَنَّ تَيْسيرًا كانَ مُهَنْدِسًا ناجِحًا وَصاحِبَ شَرِكَةٍ وَلَيْسَ كَما قيلَ لَهُ

___ اكْتَشَفَ والِدُ فاطِمَةَ الحَقيقَةَ عِنْدَما رَأى سَناءَ وَعَبّاسًا يَمْشِيانِ مَعًا

___ تَبَيَّنَ أَنَّ ابْنَ عَمِّها عَبّاسًا كانَ يُحِبُّها وَخَطَّطَ مَعَ سَناءَ لِإِفْسادِ زَواجِها

___ تَقَدَّمَ لَها عَريسٌ، وَكَذَبَتْ صَديقَتُها سَناءُ عَلَيْها وَقالَتْ إِنَّهُ كَبيرٌ في السِّنِّ

___ فاطِمَةُ مُهَنْدِسَةُ حاسوبٍ تَبْلُغُ مِنَ العُمْرِ ثَلاثينَ عامًا، تَعيشُ مَعَ والِدِها وَإِخْوَتِها بَعْدَ وَفاةِ والِدَتِها

___ رَفَضَ والِدُها سَفَرَها لِلدِّراسَةِ في الخارِجِ لِأَنَّهُ لا يَقْبَلُ سَفَرَ الفَتاةِ بِمُفْرَدِها

___ سامَحَتْ فاطِمَةُ والِدَها وَأَخْبَرَتْهُ أَنَّها تَعَرَّفَتْ عَلى شابٍّ فِلَسْطينِيٍّ وَتُريدُ أَنْ تُعَرِّفَهُ عَلَيْهِ

KEY TO THE SUMMARY

5   Fatimah ran away from home when she discovered the deception and traveled to Kuwait.

6   Sanaa married Tayseer (the groom) and received a house as a gift from Abbas.

9   He obtained Fatimah's phone number in Kuwait, called her, and apologized.

8   He learned that Tayseer was actually a successful engineer and company owner, not as he had been told.

7   Fatimah's father discovered the truth when he saw Sanaa and Abbas walking together.

4   It turned out her cousin Abbas loved her and plotted with Sanaa to ruin her marriage.

3   A groom proposed to her, but her friend Sanaa lied and said he was elderly.

1   Fatimah was a 30-year-old computer engineer living with her father and brothers after her mother's death.

2   Her father refused to let her study abroad because he wouldn't allow a girl to travel alone.

10   Fatimah forgave her father and told him she had met a Palestinian man whom she wanted him to meet.

MODERN STANDARD ARABIC READERS SERIES

www.lingualism.com/msar

www.ingramcontent.com/pod-product-compliance
Lightning Source LLC
Chambersburg PA
CBHW072049040426
42447CB00012BB/3077
* 9 7 8 1 9 4 9 6 5 0 7 6 1 *